KARL A. LAMERS

Repräsentation und Integration der Ausländer in der Bundesrepublik Deutschland unter besonderer Berücksichtigung des Wahlrechts

Schriften zum Öffentlichen Recht

Band 328

Repräsentation und Integration der Ausländer in der Bundesrepublik Deutschland unter besonderer Berücksichtigung des Wahlrechts

Zugleich eine rechtsvergleichende Studie über das Kommunalwahlrecht in den Staaten der Europäischen Gemeinschaften

Von

Dr. Karl A. Lamers

DUNCKER & HUMBLOT / BERLIN

D 6

Gedruckt 1977 bei Buchdruckerei A. Sayffaerth - E. L. Krohn, Berlin 61
Printed in Germany

ISBN 3 428 04006 6

Meinen Eltern

Vorwort

Die im Herbst 1976 abgeschlossene Arbeit lag im Februar 1977 dem Fachbereich Rechtswissenschaft der Westfälischen Wilhelms-Universität zu Münster als Dissertation vor.

Meinem verehrten Lehrer, Herrn Professor Dr. Werner Hoppe, bin ich für seine stets wohlwollende Förderung und hilfreiche Unterstützung zu großem Dank verpflichtet.

Den Direktoren des Heidelberger Max-Planck-Instituts für ausländisches öffentliches Recht und Völkerrecht, Herrn Professor Dr. Hermann Mosler und Herrn Professor Dr. Rudolf Bernhardt, möchte ich für die Förderung meiner wissenschaftlichen Tätigkeit sowie für die Befürwortung eines Promotionsstipendiums der Max-Planck-Gesellschaft vielmals danken.

Die Kommission der Europäischen Gemeinschaften in Brüssel hat mir durch zahlreiche Anregungen und Informationen wertvolle Hilfe geleistet.

Herrn Ministerialrat a. D. Professor Dr. J. Broermann danke ich für die Aufnahme der Arbeit in sein Verlagsprogramm.

Heidelberg, im Mai 1977

Karl A. Lamers

Inhaltsverzeichnis

Abkürzungsverzeichnis

ABl.	=	Amtsblatt der Europäischen Gemeinschaften
Abs.	=	Absatz
AfK	=	Archiv für Kommunalwissenschaften
Anm.	=	Anmerkung
AöR	=	Archiv des öffentlichen Rechts
apr.	=	aprile
Art.	=	Artikel
BaWü.	=	Baden-Württemberg
Bay.	=	Bayern
BayVBl.	=	Bayerische Verwaltungsblätter
Bd.	=	Band
Berl.	=	Berlin
BGBl.	=	Bundesgesetzblatt
BMA	=	Bundesminister für Arbeit
BRD	=	Bundesrepublik Deutschland
Brem.	=	Bremen
BT-Drucks.	=	Bundestagsdrucksache
BT — Sten. Ber.	=	Bundestag — Stenographischer Bericht
BullEG	=	Bulletin der Europäischen Gemeinschaften
BVerfGE	=	Entscheidungen des Bundesverfassungsgerichts
Ch.	=	Chapter
DÖV	=	Die öffentliche Verwaltung
D. P. R.	=	Decreto del Presidente della Repubblica
DVBl.	=	Deutsches Verwaltungsblatt
EAG	=	Europäische Atomgemeinschaft
EAGV	=	Vertrag zur Gründung der Europäischen Atomgemeinschaft (EURATOM) vom 25. 3. 1957
EGKS	=	Europäische Gemeinschaft für Kohle und Stahl
EGKSV	=	Vertrag über die Gründung der Europäischen Gemeinschaft für Kohle und Stahl vom 18. 4. 1951
Erl.	=	Erläuterung
EWG	=	Europäische Wirtschaftsgemeinschaft
EWGV	=	Vertrag zur Gründung der Europäischen Wirtschaftsgemeinschaft vom 25. 3. 1957
Fußn.	=	Fußnote
GBl.	=	Gesetzblatt
GemO	=	Gemeindeordnung
Ges.	=	Gesetz
GG	=	Grundgesetz für die Bundesrepublik Deutschland vom 23. Mai 1949
G. U.	=	Gazzetta Ufficiale
GVBl.	=	Gesetz- und Verordnungsblatt
Hamb.	=	Hamburg
Hess.	=	Hessen

i. d. F. v.	=	in der Fassung vom
i. V. m.	=	in Verbindung mit
JöR	=	Jahrbuch des öffentlichen Rechts
JuS	=	Juristische Schulung
Kgl.	=	Königlich
Kom.	=	Kommission
KommWahlG	=	Kommunalwahlgesetz
KSVG	=	Kommunalselbstverwaltungsgesetz
MDH	=	Maunz / Dürig / Herzog
n.	=	numero
NF	=	Neue Folge
Nds.	=	Niedersachsen
no	=	nummer
Nr.	=	Nummer
NRW	=	Nordrhein-Westfalen
p.	=	page
PartG.	=	Parteiengesetz
R. D.	=	Regio Decreto
Rdnr.	=	Randnummer
RGBl.	=	Reichsgesetzblatt
RhPf.	=	Rheinland-Pfalz
Saarl.	=	Saarland
SchlH.	=	Schleswig-Holstein
Stb.	=	Staatsblad
suiv.	=	suivant
U. N. T. S.	=	United Nations Treaty Series
Verf.	=	Verfassung
Vol.	=	Volume
VVDStRL	=	Veröffentlichungen der Vereinigung der deutschen Staatsrechtslehrer
WahlG	=	Wahlgesetz
WS	=	Wintersemester
ZaöRV	=	Zeitschrift für ausländisches öffentliches Recht und Völkerrecht
ZRP	=	Zeitschrift für Rechtspolitik

Einleitung

In den Staaten der Europäischen Gemeinschaften ist in den letzten Jahren eine zunehmende Wanderbewegung zu verzeichnen. Allein am Beispiel der Bundesrepublik Deutschland zeigt sich, daß die Anzahl der ausländischen Bewohner des Bundesgebietes im Laufe des letzten Jahrzehnts ständig und rapide angestiegen ist. Lebten im September 1969 nur 2,381 Millionen Ausländer in der Bundesrepublik (auch aus Staaten außerhalb der Europäischen Gemeinschaften)[1], so stieg die Zahl bis zum 31. 12. 1971 bereits auf 3,438 Millionen an[2]. Ende September 1974 sollen bereits 4,127 Millionen Ausländer auf dem Boden der Bundesrepublik Deutschland gelebt haben[3]. Viele von ihnen sind bereits länger als fünf, manche sogar schon über zehn Jahre in Deutschland[4].

Drei europäische Institutionen — der Europarat, die Europäischen Gemeinschaften und der Rat der Gemeinden Europas — haben sich unter dem Eindruck dieser Zahlen dem Problem zugewandt, Ausländern in den Staaten der Europäischen Gemeinschaften politische Rechte zuzuerkennen[5]. Während die Diskussion noch vor Jahren stets nur um eine Verbesserung des wirtschaftlichen und sozialen Status des Ausländers im Aufnahmeland geführt wurde, hat sie sich in letzter Zeit zunehmend auf das Problem der Zuerkennung politischer Rechte konzentriert[6]. Im Vordergrund der Überlegungen steht dabei die Beteiligung an der Wahl der staatlichen und kommunalen Vertretungskörperschaften. Am Ende des europäischen Gipfeltreffens in Paris am 9. und 10. Dezember 1974 wurde ein Kommuniqué veröffentlicht[7], in dem die Mitgliedstaaten die Kommission der Europäischen Gemeinschaften damit betrauten, die Voraussetzungen für die Zuerkennung „besonderer Rechte" an Angehörige der Gemeinschaft zu prüfen[8]. Bei den besonderen Rechten handelt

---

[1] Statistisches Jahrbuch für die Bundesrepublik Deutschland 1970, S. 42.

[2] Statistisches Jahrbuch 1973, S. 52.

[3] Statistisches Jahrbuch 1975, S. 65.

[4] Siehe dazu: Beschäftigung ausländischer Arbeitnehmer — Repräsentativ-Untersuchung 1972, Bundesanstalt für Arbeit, Nürnberg 1973, S. 33.

[5] Nach einer Meldung der *Frankfurter Allgemeinen Zeitung* vom 4. 8. 1976, Nr. 170, S. 6.

[6] *Zuleeg,* Gedanken zu einer europäischen Union, ZRP 1976, S. 123.

[7] Siehe dazu den 8. Gesamtbericht über die Tätigkeit der Europäischen Gemeinschaften 1974 (Februar 1975), Anlage zu Kapitel I.

[8] *Bernhardt,* Probleme eines Grundrechtskatalogs für die Europäischen Gemeinschaften, im Anhang zum Bericht der Kommission vom 4. 2. 1976 „Der

es sich in erster Linie um die in den Mitgliedstaaten ausgeübten politischen Rechte[9].

Die Idee, auf dem Gebiet der politischen Rechte eine Inländergleichstellung zu erreichen, muß als ein Novum betrachtet werden. Zwar sind einerseits zivile oder private Rechte sowie öffentliche Freiheiten im Prinzip und im allgemeinen allen Ausländern eingeräumt, sind andererseits die wirtschaftlichen und sozialen Rechte sowie das Recht auf Zugang zum europäischen öffentlichen Dienst und das aktive und passive Wahlrecht zum Europäischen Parlament Bestandteil eines tatsächlichen oder partiellen Besitzstandes aufgrund der Gemeinschaftsverträge, die politischen Rechte jedoch waren Ausländern bislang — der Tradition entsprechend — verwehrt[10].

Zu den wichtigsten politischen Rechten gehören das aktive und passive Wahlrecht sowie das Recht auf Zugang zum öffentlichen Dienst auf der Ebene der Gemeinden, der Länder (Regionen) und der Nationalparlamente. Sowohl im Rahmen der Untersuchung der Europäischen Gemeinschaften als auch in der politischen und rechtswissenschaftlichen Diskussion liegt der Schwerpunkt inzwischen eindeutig nicht mehr auf dem Wahlrecht zu den nationalen und regionalen Parlamenten, sondern auf der Frage, unter welchen Voraussetzungen über den Kreis von Staatsangehörigen hinaus auch Ausländern das Kommunalwahlrecht verliehen werden kann.

Die folgende Untersuchung verfolgt zwei Ziele:

Im *ersten* Teil der Arbeit wird die verfassungsrechtliche Zulässigkeit des Wahlrechts zu den staatlichen und kommunalen Vertretungskörperschaften an Ausländer umfassend für ein Land der Europäischen Gemeinschaften — die Bundesrepublik Deutschland — geprüft. Sollte sich dabei herausstellen, daß zur Zeit de constitutione lata den Ausländern weder das Wahlrecht zum Bundestag noch zu den Landtagen und zu den Kommunalvertretungen gewährt werden kann, werden für den, wie oben ausgeführt, insbesondere in der Diskussion befindlichen Bereich

---

Schutz der Grundrechte in der Europäischen Gemeinschaft“ in: BullEG, Beilage 5 (1976), S. 67; *Bernhardt* verweist auf die Diskussion, ob den Bürgern eines Mitgliedstaates auch in anderen Staaten der Gemeinschaft Wahlrechte auf Gemeindeebene zuerkannt werden sollen und zieht in Erwägung, auch insoweit eine Vorschrift in einen europäischen Grundrechtskatalog aufzunehmen.

[9] Bericht der Kommission über die Verwirklichung von Punkt 11 des Schlußkommuniqués des europäischen Gipfeltreffens in Paris am 9. und 10. 12. 1974 über die Zuerkennung besonderer Rechte, BullEG, Beilage 7 (1975), S. 26.

[10] Bericht der Kommission über die Verwirklichung von Punkt 11 des Schlußkommuniqués des europäischen Gipfeltreffens in Paris am 9. und 10. 12. 1974 über die Zuerkennung besonderer Rechte, BullEG, Beilage 7 (1975), S. 27.

der Kommunen *alle* jene Formen rein informeller und beratender Einflußnahme auf die Entscheidungen der Gemeinde dargestellt, die bereits de lege lata möglich sind[11]. Damit wird ein Weg zur vorübergehenden partiellen politischen Partizipation der Ausländer in der Bundesrepublik Deutschland aufgezeigt, der beschritten werden kann, bis der Verfassungsgesetzgeber von seiner ihm eingeräumten Kompetenz zur Grundgesetzänderung im Hinblick auf Gewährung des Kommunalwahlrechts an Ausländer Gebrauch gemacht hat. In diesem Zusammenhang werden verschiedene Modelle, die ein gestuftes System der Ausländerrepräsentation vorsehen, dargestellt und auf ihre Effektivität und Integrationswirkung hin untersucht[12].

Die Ausführungen ergeben, daß nur durch eine Beteiligung der Ausländer an Kommunalwahlen eine tatsächliche Einflußnahme auf das kommunalpolitische Geschehen und eine wirkliche Integration in das politische und gesellschaftliche System des Aufnahmestaates erreicht werden kann.

Der Gewährung des Wahlrechts an Ausländer stehen heute noch — wie das Ergebnis der Untersuchung zeigen wird — verfassungsrechtliche Schranken entgegen. Da seit einiger Zeit insbesondere die Forderung nach Kommunalwahlrecht für Ausländer erhoben wird[13], soll im weiteren Verlauf der Arbeit geklärt werden, inwieweit bereits heute Ausländern Mitsprache und Repräsentanz in verwandten gesellschaftlichen Organisationsformen im politischen Willensbildungsprozeß der Bundesrepublik Deutschland gewährt werden[14].

Das Ergebnis der Bestandsaufnahme — in einigen Institutionen des deutschen gesellschaftlichen Lebens nehmen Ausländer schon heute am politischen Geschehen in der Bundesrepublik Deutschland teil — läßt den Schluß zu, daß in der Gewährung des Rechts auf Teilnahme von Ausländern an Wahlen auf kommunaler Ebene kein isolierter Akt der Rechtsverleihung, sondern vielmehr nur ein weiterer Schritt in Richtung einer sich in Stufen vollziehenden politischen Integration der in der Bundesrepublik Deutschland lebenden Ausländer gesehen werden kann.

Dieser Untersuchung ist der Begriff des Ausländers zugrundegelegt, wie er sich aus § 1 Abs. 2 Ausländergesetz ergibt[15]. Darin heißt es: „Aus-

---

[11] Ansatz im: 1. Teil, 4. Abschnitt, 1.

[12] 1. Teil, 4. Abschnitt, 2. und 3.

[13] Nach einer Meldung der *Frankfurter Allgemeinen Zeitung* vom 4. 8. 1976, Nr. 170, S. 6 (Soll Giuseppe Ricci in den Stadtrat?) prüfen zur Zeit der Europarat und die Europäischen Gemeinschaften, wie den ausländischen Arbeitnehmern der Weg zu den Wahlurnen des Gastlandes geöffnet werden könnte; *Sasse,* Kommunalwahlrecht für Ausländer?; *Behrend,* Kommunalwahlrecht für Ausländer in der Bundesrepublik, DÖV 1973, S. 370 - 376.

[14] Ansatz im: 1. Teil, 5. Abschnitt, 1.

länder ist jeder, der nicht Deutscher im Sinne des Art. 116 I GG ist." § 1 Abs. 2 Ausländergesetz kann als Legaldefinition für alle Rechtsgebiete herangezogen werden, da diese Umschreibung des Begriffs des Ausländers mit dem im Grundgesetz vorgezeichneten Begriff übereinstimmt[16]. Der personelle Umfang des ersten Teils der Arbeit ergibt sich also aus Art. 116 I GG, der zwei Gruppen von Deutschen unterscheidet: a) Die deutschen Staatsangehörigen und b) Personen ohne deutsche Staatsangehörigkeit, die als Flüchtlinge oder Vertriebene deutscher Volkszugehörigkeit, als deren Ehegatten oder Abkömmlinge im Gebiet des deutschen Reiches nach dem Stand vom 31. 12. 1937 Aufnahme gefunden haben. Somit sind nach dem Grundgesetz, das in Art. 116 I GG vom Fortbestehen einer einheitlichen gesamtdeutschen Staatsangehörigkeit ausgeht, neben den Deutschen aus den ehemaligen Ostgebieten auch die Bürger der DDR — bei Erfüllung der sonstigen Wahlvoraussetzungen — wahlberechtigt[17].

Terminologisch wird im weiteren Verlauf der Arbeit nicht von „Deutschen im Sinne des Art. 116" gesprochen, sondern der Begriff des Staatsangehörigen verwendet, mit dem jedoch die Deutschen im Sinne des Art. 116 I GG gemeint sind.

Der *zweite* Teil der Arbeit wendet sich im Wege der Rechtsvergleichung der Frage zu, unter welchen Voraussetzungen und Bedingungen in den Staaten der Europäischen Gemeinschaften das aktive und passive Wahlrecht an Angehörige der Mitgliedstaaten im Hinblick auf deren Beteiligung an den Kommunalwahlen in einem Aufnahme-Mitgliedstaat verliehen werden kann. Dieser Teil knüpft insofern an die Ausführungen zum Komplex des Wahlrechts auf Gemeindeebene im Rahmen der Darstellung der Bundesrepublik Deutschland an[18]. Die Beschränkung auf die Darstellung des Wahlrechts lediglich auf kommunaler Ebene — unter Aussparung der sich auf regionaler und nationaler Ebene ergebenden Fragen — ergibt sich aus dem gegenwärtigen Stand der Integration, die allenfalls auf dieser untersten staatlichen Ebene bereits heute eine gemeinschaftliche Regelung als realistisch erscheinen läßt. Nach einer Darstellung der in den Kommunalverfassungen der Staaten der Europäischen Gemeinschaften enthaltenen Wahlrechtsbedingungen werden Vorschläge für eine Zuerkennung des Kommunalwahlrechts für EG-Bürger im europäischen Gemeinschaftsbereich erarbeitet und unter Berücksichtigung der geltenden Gesetzeslage in den EG-Staaten auf ihre Praktikabilität hin untersucht.

---

[15] Ausländergesetz vom 28. 4. 1965, BGBl. I., S. 353 mit zahlreichen Änderungen.

[16] *Schiedermair*, Handbuch des Ausländerrechts, S. 15, 85, 95.

[17] *Dolde*, Die politischen Rechte der Ausländer, S. 32, 33.

[18] Ansatz der Ausführungen zum Wahlrecht auf Gemeindeebene in der Bundesrepublik Deutschland: 1. Teil, 3. Abschnitt, 1.

Die rechtsvergleichende Untersuchung (Zweiter Teil) ist personell beschränkt auf Angehörige aus Mitgliedsländern der Europäischen Gemeinschaften, da nur ihnen — aufgrund der Freizügigkeitsregeln des Europäischen Gemeinschaftsrechts[19] — ein Sonderstatus eingräumt ist, der ihnen ein Recht auf Einreise, Aufenthalt und Verbleib in jedem Mitgliedstaat der Europäischen Gemeinschaften gewährt[20]. Die Vorschläge zur generellen Übertragung des Kommunalwahlrechts beziehen sich daher nur auf solche Ausländer, deren Aufenthaltsdauer in einem Mitgliedstaat der Europäischen Gemeinschaften grundsätzlich unbegrenzt ist. Hinzu kommt, daß die Gewährung des Wahlrechts an Ausländer stets im Hinblick auf die europäischen Einigungsbemühungen gesehen und insofern in der Beschränkung auf EG-Bürger als sinnvoller Schritt zur Verwirklichung dieses Ziels empfunden wird.

[19] Art. 69 EGKSV, 96 EAGV, 48 ff. EWGV: Freizügigkeit für Arbeitnehmer; Art. 52 EWGV: Niederlassungsrecht; Art. 48 III b, c EWGV: Einreise- und Aufenthaltsrecht; *Rengeling,* Schutzmaßnahmen im Gemeinsamen Markt, DÖV 1976, S. 558 f.

[20] *Grabitz,* Europäisches Bürgerrecht, S. 83, 84.

Erster Teil

Staatsbürgerliche und gesellschaftliche Mitwirkungsrechte und -möglichkeiten der Ausländer in der Bundesrepublik Deutschland

Erster Abschnitt

Die Wahlberechtigung von Ausländern zum Bundestag

1. Die Wahlberechtigung von Ausländern zum Bundestag de constitutione lata

1.1. Das aktive Wahlrecht

1.1.1. § 12 Bundeswahlgesetz und sein Verhältnis zu Art. 38 GG und Art. 20 GG

§ 12 Abs. 1 BWahlG[1] bestimmt, daß das Wahlrecht zum Bundestag alle über 18 Jahre alten Deutschen im Sinne des Art. 116 I GG besitzen, die seit mindestens drei Monaten ihren Wohnsitz oder dauernden Aufenthalt im Geltungsbereich dieses Gesetzes haben. Damit wird das Wahlrecht zum Bundestag auf Deutsche beschränkt und werden Ausländer von ihm ausgeschlossen.

Diese Beschränkung findet sich ausdrücklich in keiner Grundgesetzbestimmung, insbesondere nicht in Art. 38 GG, der die Wahlberechtigung für den Bundestag nur insoweit regelt, als er die Vollendung des 18. Lebensjahres zur Voraussetzung erhebt. Die nähere Ausgestaltung des Wahlrechts weist Art. 38 III GG einem Bundesgesetz zu. Da das Bundeswahlgesetz in Ausführung dieser Bestimmung ergangen ist, darf der von der Verfassung vorgegebene Kreis der Wahlberechtigten nur konkretisiert, nicht aber eingeschränkt oder erweitert werden[2].

---

[1] Bundeswahlgesetz in der Fassung der Bekanntmachung vom 1. 9. 1975 (BGBl. I., S. 2325).

[2] *Behrend,* Kommunalwahlrecht für Ausländer in der Bundesrepublik, DÖV 1973, S. 376; *v. Mangoldt / Klein,* Das Bonner Grundgesetz, Bd. II, Anm. V zu Art. 38.

Trotz des Fehlens einer *ausdrücklichen* Aussage über den Kreis der Wahlberechtigten in Art. 38 II GG könnte aus der Verfassung — Art. 38 I GG in Verbindung mit Art. 20 GG — eine Grundsatzentscheidung in der Hinsicht entnommen werden, daß der Kreis der wahlberechtigten Personen genau umschrieben ist.

Im folgenden soll daher untersucht werden, ob das Grundgesetz das Wahlrecht für Ausländer gebietet oder verbietet und inwieweit § 12 BWahlG mit seiner ausdrücklichen Beschränkung des Bundestagswahlrechts auf Deutsche einem evtl. Gebot oder Verbot der Verfassung in dieser Frage gerecht wird.

Für die verfassungsrechtliche Beurteilung des § 12 I BWahlG werden insbesondere die Wahlrechtsgrundsätze des Art. 38 I GG sowie die tragenden Prinzipien des Art. 20 GG — das Prinzip der Volkssouveränität und der Egalität — daraufhin untersucht, ob sich aus ihnen eine immanente Beschränkung des für Bundestagswahlen wahlberechtigten Personenkreises auf Deutsche und damit der Ausschluß von Ausländern ableiten läßt.

1.1.2. Historische Interpretation der Wahlrechtsgrundsätze des Art. 38 I GG

1.1.2.1. Allgemeine Wahl

Die Wahl muß allgemein sein. Im konstitutionellen Staat des 19. Jahrhunderts führten der Klassenstandpunkt des Liberalismus und die Angst des Konservatismus vor Revolutionen zu einer Beschränkung des Kreises der Wahlberechtigten[3]. Nach dem Zensuswahlrecht war lediglich stimmberechtigt, wer eine bestimmte Steuer (Steuerzensus) zahlte, einen gewissen Besitz (Besitzzensus) vorweisen konnte oder ein Jahreseinkommen (Einkommenzensus) in bestimmter Höhe bezog[4]. Nach dem Kapazitätswahlrecht konnten höhere Bildung oder Innehabung einer höheren gesellschaftlichen Stellung den fehlenden Zensus und das Stimmrecht gewähren.

Die demokratischen Bewegungen der Jahre 1830 und insbesondere 1848 führten jedoch zu einer schrittweisen Einführung des allgemeinen Wahlrechts in Europa. So überließ die Paulskirchenverfassung die Regelung des Wahlrechts einem Reichswahlgesetz[5], das am 12. 4. 1849 erging. In diesem Gesetz war das Prinzip der allgemeinen Wahl bereits weitgehend verwirklicht. Verfassungsrechtlich verankert ist es erstmals in der Verfassung des Norddeutschen Bundes vom 16. 4. 1867 (Art. 20)[6].

---

[3] *Braunias*, Das parlamentarische Wahlrecht, 2. Band, Allg. Teil, S. 91.

[4] *Braunias*, Das parlamentarische Wahlrecht, 2. Band, Allg. Teil, S. 91, 92.

[5] Abschnitt IV Art. 3 § 94.

Erfaßte die Forderung nach allgemeinen Wahlen zunächst die Überwindung der oben aufgezeigten Einschränkungen, so erstreckte sie sich später auch auf die Gewährung des Frauenwahlrechts[7]. Während es sich vor dem Krieg nur in Finnland (1906) und Norwegen durchgesetzt hatte, bekannte sich in der Nachkriegszeit auch das Deutsche Reich dazu. Dieser bereits im 19. Jahrhundert verwirklichte Grundsatz der allgemeinen Wahl besagte lediglich, daß kein Staatsbürger unberechtigt von der Teilnahme an der Wahl überhaupt ausgeschlossen werden durfte.

Die demokratische Auffassung verlangt das allgemeine Wahlrecht, das Recht eines jeden Wählers, seine Stimme abgeben zu können. Doch auch das demokratische Wahlrecht muß einige Erfordernisse zulassen, an die das Stimmrecht gebunden werden kann. Nur der Staatsbürger sollte stimmberechtigt sein; vom Standpunkt des Staatsganzen aus betrachtet, sollte ein Ausländer vom Stimmrecht ausgeschlossen werden, da nicht gemeinhin jeder Herr über das Schicksal des Volkes sein sollte, sondern nur, wer auch bereit und in der Lage war, die Verantwortung für sein staatsbezogenes Handeln zu tragen. Die Bezugnahme auf den Staatsangehörigen hatte ihren Grund in dem sich seit der Französischen Revolution herausbildenden Nationalstaatsgedanken[8]. So dachte — in jener zeitgeschichtlichen Epoche nach 1848 — noch niemand daran, auch Ausländern das Wahlrecht zu gewähren.

1.1.2.2. Gleiche Wahl

Die zu dieser Zeit politisch führenden Schichten befürchteten, mit der Einführung des allgemeinen Wahlrechts allmählich entmachtet und entthront zu werden. So suchten sie nach einer Möglichkeit, den Einfluß einzelner Wählerkategorien auf das Wahlergebnis durch eine entsprechende Ausgestaltung des Wahlverfahrens abzustufen. Jeder Bürger sollte zwar stimmberechtigt sein, seine Stimme aber nicht denselben Wert wie die eines anderen haben, der reicher war.

Es gab verschiedene Arten des allgemeinen, aber ungleichen Wahlrechts. In Preußen, Sachsen, Sachsen-Altenburg und Lippe wurde das Dreiklassenwahlrecht praktiziert, in Österreich das Kurienwahlrecht und in Belgien das bis 1919 übliche Pluralstimmrecht.

Im 19. Jahrhundert verstand man die Gleichheit mehr im aristotelischen Sinne, wonach jeder grundsätzlich nach dem ihm zukommenden Maß gemessen wird. Man spricht in diesem Zusammenhang auch von sogenannter proportionaler Gleichheit[9]. Die Menschen werden grund-

---

[6] *Rinck*, Der Grundsatz der Wahlrechtsgleichheit und das Bonner Grundgesetz, DVBl. 1958, S. 221, Fußn. 4.

[7] *Braunias*, Das parlamentarische Wahlrecht, 2. Band, Allg. Teil, S. 94.

[8] *Ermacora*, Allgemeine Staatslehre, 1. Teilband, S. 440.

[9] *Leibholz*, Die Repräsentation in der Demokratie, S. 220.

sätzlich entsprechend ihren Anlagen, ihrem Charakter und ihrem Intellekt verschieden behandelt. Nach dieser Auffassung würde die Gleichheit verletzt, wenn die zwischen den Menschen bestehenden Unterschiede nicht beachtet und diese absolut gleich behandelt würden. So wurde im 19. Jahrhundert der Mensch in der politischen Sphäre unterschiedlich behandelt, gewisse Schichten der Bevölkerung von den politischen Rechten ausgeschlossen oder nur beschränkt an der politischen Willensbildung zugelassen. Dies änderte sich erst im 20. Jahrhundert. Am 12. 11. 1918 (RGBl. S. 1303) wurde in einem Aufruf des Rates der Volksbeauftragten das Prinzip der gleichen Wahl zum verbindlichen Wahlrechtsgrundsatz erhoben[10]. Von dort ist es in Art. 17 und 22 WRV übernommen worden. Damit trat an die Stelle der differenzierenden Gleichheit des 19. Jahrhunderts ein radikaler Egalitarismus. Unterschiede, denen man noch im 19. Jahrhundert Gewicht beimaß, traten zurück gegenüber Eigenschaften, die allen Menschen gemeinsam waren[11]. Den Menschen wurde fortan ein gleicher Wert beigelegt, unbeschadet ihrer sozialen Wertverschiedenheit und der nach Abstammung, Klasse, Bildung, Geschlecht und Rasse bestehenden Unterschiede. Es war nicht mehr die verschiedenen Bewertungen zugängliche proportionale Gleichheit, sondern die arithmetische, mathematische Gleichheit, die dem Begriff der Demokratie ihr Gepräge gab. Bei der Einführung des gleichen Wahlrechts war man sich darin einig, daß dieser Grundsatz lediglich auf den Kreis der Staatsbürger bezogen werden und innerhalb dieser Gruppe Anwendung finden sollte; an eine Gewährung des Wahlrechts an Ausländer war nicht gedacht.

Daran dachte man auch nicht bei den Beratungen des Parlamentarischen Rates. Dies erweist ein Blick in die Protokolle über die Beratungen des Hauptausschusses des Parlamentarischen Rates von der 27. Sitzung am 15. Dezember 1948[12].

Im Parlamentarischen Rat wurde erörtert, ob „jeder Deutsche" oder „jeder Bundesangehörige" in jedem Lande die gleichen Rechte und Pflichten wie die Angehörigen des Landes selbst haben sollte. Diese Erörterung in der Beschränkung der Diskussion über die Gewährung politischer Rechte an „Deutsche" oder „Bundesangehörige" legt den Schluß nahe, daß der Verfassungsgeber offensichtlich von der Nichtgeltung der betreffenden Verfassungsbestimmungen für Ausländer ausging. Ein weiterer Vorgang stützt diese Annahme. Im Art. 45 des Entwurfs von Herrenchiemsee sowie in der dritten Lesung des Organisa-

[10] *Rinck*, Der Grundsatz der Wahlrechtsgleichheit und das Bonner Grundgesetz, DVBl. 1958, S. 221, Fußn. 4.

[11] *Leibholz*, Die Repräsentation in der Demokratie, S. 220.

[12] Vgl. Verhandlungen des Hauptausschusses, Sitzung vom 15. 12. 1948, Protokolle, S. 326; siehe dazu auch: *Ruppel*, Der Grundrechtsschutz der Ausländer, S. 187, Fußn. 1.

tions- und Hauptausschusses ergab sich folgende Fassung: „Die Abgeordneten des Volkstages werden vom Volk in allgemeiner, gleicher, unmittelbarer und geheimer Wahl gewählt[13].“ Daß in der vierten Lesung am 5. 5. 1949 der Hauptausschuß die Worte „vom Volk“ — worunter wohl nur die Summe der wahlberechtigten Staatsangehörigen zu verstehen war — ohne nähere Begründung strich[14], läßt sich nur so erklären, daß man auch hier als selbstverständlich davon ausging, daß Ausländer kein Wahlrecht haben sollten.

So wird auch heute bei der Auslegung des in Art. 38 I GG niedergelegten Prinzips der Allgemeinheit und Gleichheit der Wahl an den Begriff des Staatsbürgers angeknüpft. Grundsätzlich muß das Stimmrecht allen Staatsbürgern zustehen. Das ist der Fall, wenn alle Männer und Frauen, also nicht nur bestimmte Gruppen derselben, wählen und gewählt werden dürfen. Dies schließt keinesfalls aus, daß das aktive und passive Wahlrecht an bestimmte verfassungsrechtlich oder einfachgesetzlich festgelegte Voraussetzungen geknüpft werden kann. Diese betreffen — im Unterschied zu anderen Regelungen — nur die persönlichen Mindesterfordernisse für eine vernunft- und gemeinschaftsgemäße Wahlentscheidung. Die Teilnahme lediglich der eigenen Staatsbürger — unter Ausschluß der Ausländer — an der staatlichen Willensbildung und der staatlichen Herrschaft, die staatsbürgerliche Natur des Wahlrechts, mag dem Grundgesetzgeber so selbstverständlich vorgekommen sein[15], daß er auf eine ausdrückliche bürgerrechtliche Beschränkung in Art. 38 II GG verzichten zu können glaubte.

Weitere in Art. 38 I 1 GG aufgezählte Wahlrechtsprinzipien sind:

1.1.2.3. Unmittelbare Wahl

Darunter versteht man — historisch-formal gesehen — das Verbot des Wahlmännersystems. Der Wähler muß den Abgeordneten selbst wählen dürfen, zwischen die Stimmabgabe durch den Bürger und die Ermittlung der Abgeordneten darf kein weiterer Wahlvorgang eingeschaltet werden[16].

1.1.2.4. Freie Wahl

Die Wahlfreiheit besteht darin, daß jeder Wähler sein Wahlrecht frei, d. h. ohne Zwang oder sonstige unzulässige Beeinflussung von außen ausüben kann. Insbesondere soll die freie Wahlbetätigung geschützt werden[17].

---

[13] *Füsslein*, JöR (1951), S. 349, 351, 353.
[14] *Füsslein*, JöR (1951), S. 353.
[15] *Ruppel*, Der Grundrechtsschutz der Ausländer, S. 187.
[16] *Klein* in: Schmidt-Bleibtreu / Klein, Rdnr. 17 zu Art. 38.
[17] *Maunz* in: MDH, Rdnr. 47 zu Art. 38.

1.1.2.5. Geheime Wahl

Sie darf weder offen noch öffentlich ergehen, sondern lediglich unter dem Schutze der Geheimhaltung[18].

Als erstes Ergebnis zeigt sich:

Wenngleich das Grundgesetz, das im Art. 38 I 1 das Wahlrecht als „allgemeines“ und „gleiches“, „unmittelbares“, „freies“ und „geheimes“ gewährleistet, Ausländer nicht ausdrücklich vom Wahlrecht ausschließt, so spricht doch — wie die obigen Ausführungen erweisen — die Entstehungsgeschichte und eine historische Interpretation gegen ein grundgesetzlich gewährtes Wahlrecht für Ausländer.

Nunmehr soll geprüft werden, ob eine systematische Auslegung dieses Ergebnis zu erhärten vermag.

1.1.3. Der Zusammenhang von Art. 38 I 2 und Art. 20 GG

1.1.3.1. Das Prinzip der Volkssouveränität

Als entscheidendes Wesensmerkmal der Demokratie ist das Prinzip der Volkssouveränität anerkannt. Es besagt, daß das Volk souverän ist, d. h. daß alle Gewalt vom Volke ausgeht und das Volk Subjekt und Träger der verfassungsgebenden Gewalt ist.

1.1.3.1.1. Die Bedeutung des Wahlvorgangs in einer repräsentativen Demokratie

1.1.3.1.1.1. Repräsentation als Grundelement moderner Demokratie

Nach dem Bonner Grundgesetz ist die Bundesrepublik Deutschland als repräsentative Demokratie konzipiert[19]. Repräsentation ist ein Grundelement moderner Demokratie und ihrem Wesen nach weder demokratisch noch undemokratisch; in der heutigen Zeit ist eine unmittelbare Mitwirkung des Volkes bei der Ausübung der Staatsgewalt praktisch ausgeschlossen[20]. So sind die Möglichkeiten unmittelbaren Volkshandelns nach dem Grundgesetz beschränkt, das mittelbare Handeln der Aktivbürgerschaft stellt eine Ausnahme dar. Die Willensbildung des Volkes beschränkt sich darauf, Abgeordnete zu wählen, die in ihrem Zusammenwirken in der Volksvertretung das Volk repräsentieren[21]. Unmittelbare politische Aktionen des Volkes (mit der Ausnahme der Art.

---

[18] *Maunz* in: MDH, Rdnr. 54 zu Art. 38.

[19] *Brüggemann,* Die Beschränkung der Rechte des Staatsvolkes, S. 9.

[20] *Peters,* Problematik, S. 28.

[21] *Maunz,* Deutsches Staatsrecht, S. 71.

29, 118 GG) sind nicht vorgesehen, insbesondere nicht die Wahl der Staatsspitze durch das Volk; der Bundespräsident wird gemäß Art. 54 GG von der Bundesversammlung gewählt — ein lediglich zum Zwecke seiner Wahl zusammentretendes Organ.

Auch an der Gesetzgebung wird das Volk nicht beteiligt. Diese obliegt den Ländern, bzw. soweit es sich um Bundesgesetze handelt, dem Bundestag unter Mitwirkung des Bundesrates. Die Mitwirkung des Volkes bei der Abberufung des Bundestages oder andere Entscheidungen im Wege der Volksabstimmung (Volksbegehren, Volksentscheid) kennt das Grundgesetz nicht[22].

Traditionell bedeutsam ist der Unterschied von unmittelbarer (plebiszitärer) und mittelbarer (repräsentativer) Demokratie.

Unmittelbare Demokratie liegt vor, wenn mindestens die wichtigsten Äußerungen des Staatswillens unmittelbar durch das Volk geschehen. Dieser Idee der unmittelbaren Demokratie entsprechen in der modernen Staatenwelt am weitesten die Schweiz[23], besonders einzelne Schweizer Kantone, in denen Gesetzgebung und Wahl bestimmter Beamter noch Sache der Volksversammlung ist. Dennoch lassen sich auch in unmittelbarer Demokratie repräsentative Elemente feststellen. So sind z. B. in einigen Schweizer Kantonen, die noch Landsgemeinden kennen, Frauen vom Wahlrecht ausgeschlossen, das Wahlalter ist begrenzt, die Entscheidung der Aktivbürger ist auch für die Nichtstimmberechtigten verbindlich, die bei Abstimmungen unterlegene Minderheit wird in einem strengen Sinne der Unmittelbarkeit fremdbestimmt.

1.1.3.1.1.2. Der Begriff der Repräsentation

Der parlamentarische Rat hat sich bei der Schaffung des Grundgesetzes der Bundesrepublik Deutschland in einem betonten Ausmaße für die Staatsform der *repräsentativen Demokratie* entschieden[24]. Der Begriff der Repräsentation ist in der herrschenden deutschen Staatsrechtslehre unklar, wie aus dem vielfältigen Sprachgebrauch hervorgeht, in dem auch die Fachliteratur dieses Wort verwendet[25]. Man unterscheidet Repräsentation im politischen und rechtlichen, im wahren und falschen Sinne und setzt es mit Stellvertretung oder mit Organschaft gleich.

Rein sprachlich gesehen bedeutet Repräsentieren, daß etwas nicht real Präsentes wieder präsent, d. h. existentiell wird, etwas, was nicht gegenwärtig ist, wieder anwesend gemacht wird[26]. Das repräsentative

[22] Vgl. hierzu insbesondere: BVerfGE Band 8, S. 104, Leitsätze.

[23] *Peters*, Demokratie, in: Staatslexikon, S. 560 ff., insbesondere S. 570.

[24] *Maunz*, Deutsches Staatsrecht, S. 71.

[25] *Leibholz*, Die Repräsentation in der Demokratie, S. 25.

[26] *Leibholz*, Die Repräsentation in der Demokratie, S. 26.

parlamentarische System ist eine rechtliche Organisationsform, durch die die Ausübung der Staatsgewalt geregelt wird[27].

In der repräsentativen Demokratie trifft das Volk seine Entscheidungen in der Regel nicht selbst, sondern bedient sich — außerhalb der Wahlen — besonderer Organe als Mittler für die Staatswillensbildung[28]. Kern dieses Systems ist also die Trennung von Ausübung und Innehabung der Staatsgewalt. Diejenigen, die die Staatsgewalt ausüben, werden von den Inhabern der Staatsgewalt bestellt, denen dann die Handlungen der Ausübenden zugerechnet werden[29]. Diese Art der Repräsentation unterscheidet sich von einer Vertretung im juristischen Sinne dadurch, daß das Repräsentationsorgan, nachdem es bestellt ist, vom Volk insoweit losgelöst wird, als das Volk bis zur nächsten Wahl zur Volksvertretung keinerlei rechtlichen Einfluß mehr auf seine Repräsentation ausüben kann.

Das eigenverantwortliche Handeln der Volksvertretung gilt als Willensäußerung des Volkes, wird als Volkswille fingiert[30]. Auch wenn sich die Volksmeinung ändert, bleibt diesen Organen nach dem Repräsentationsprinzip die Legitimation für politische Entscheidungen erhalten. Rousseau hat die Repräsentativdemokratie wegen der dabei vorkommenden Verfälschung des wahren Volkswillens und wegen der darin liegenden Beschränkung der individuellen Freiheit abgelehnt[31]. Und wenn *Carl Schmitt*[32] den Begriff Demokratie wie folgt definiert hat:

> „Demokratie (als Staatsform wie als Regierungs- oder Gesetzgebungsform) ist Identität von Herrschern und Beherrschten, Regierenden und Regierten, Befehlenden und Gehorchenden"

dann bedarf dieser Satz in einer repräsentativen Demokratie der Relativierung. So bezeichnete *Jahrreis*[33] die oft gebrauchte Formulierung: Demokratie ist „Regierung durch die Regierten" als zwar gut eingehende aber dennoch gefährliche Formel. Dies ist zuzugeben, denn die reprä-

---

[27] *Steiger*, Organisatorische Grundlagen des parlamentarischen Regierungssystems, S. 160.

[28] *Brüggemann*, Die Beschränkung der Rechte des Staatsvolkes, S. 3; siehe dazu auch *Wolff / Bachof*, Verwaltungsrecht, § 75 I d 2 und *Schulz-Schaeffer*, Die Staatsform der Bundesrepublik Deutschland, S. 130 ff. mit Ausführungen zum System der repräsentativen Demokratie.

[29] *Steiger*, Organisatorische Grundlagen des parlamentarischen Regierungssystems, S. 160.

[30] *Peters*, Demokratie, in: Staatslexikon, S. 570.

[31] *Peters*, Problematik, S. 28; siehe dazu *Schulz-Schaeffer*, Die Staatsform der Bundesrepublik Deutschland, S. 117 ff. mit Ausführungen zum formalen Freiheitsbegriff Rousseaus.

[32] *Schmitt*, Verfassungslehre, S. 234.

[33] *Jahrreiss*, Festschrift für Thoma, S. 17; siehe dazu auch *Klein*, Grundrechte im demokratischen Staat, S. 38 und *Steiger*, Organisatorische Grundlagen, S. 153 ff.

sentative Idee erkennt in der Tat den Unterschied von Regierenden und Regierten an und bestätigt ihn[34]. Sie sieht wohl im Volke die oberste Instanz, meint aber nicht, daß das Volk selbst entscheiden und regieren solle. Wenn in einem derartigen System repräsentativer Art wichtige Aufgaben staatsleitender Art Regierung und Parlament übertragen werden, so liegt die spezifische Gefahr dieses Repräsentativsystems in der Gefahr einer zu großen Entfernung der Staatsleitung von der legitimierenden Bestellung durch das Volk, in dem Schwinden der für jede Repräsentation nötigen Nähe zum Volk[35]. Die Repräsentation ist eine Ordnung der Delegation vom Volke her, nicht der unmittelbaren Entscheidung durch das Volk. Das repräsentative System weist dem Volke zur unmittelbaren Bestimmung grundsätzlich nur personale Entscheidungen (Wahl der Volksvertreter) zu, denen für die Dauer der Legislaturperiode die Legitimation für politische Entscheidungen nicht abgesprochen werden kann[36].

1.1.3.1.1.3. Schlußfolgerungen

Die vorangegangenen Darlegungen haben gezeigt, daß — als Ausfluß des repräsentativen Prinzips — das Grundgesetz die unmittelbare Ausübung der Staatsgewalt durch das Volk nur in der Form von Wahlen und (heute auf Bundesebene praktisch nicht mehr relevanten) Abstimmungen — mithin durch Personal- und nicht durch Sachentscheidungen — zuläßt.

Die Parlamentswahl muß dem Wesen der Demokratie entsprechend die Gesamtheit der Abgeordneten als Vertreter des gesamten Volkes legitimieren. Da sich somit nach dem Grundgesetz unmittelbares Volkshandeln auf den Wahlvorgang beschränkt und in ihm konzentriert, kommt ihm — im Rahmen der Staatswillensbildung — eine zentrale Bedeutung zu.

1.1.3.1.2. Art. 38 I 2 GG i. V. m. Art. 20 GG

1.1.3.1.2.1. Art 20 II 1 GG und Art. 20 II 2 GG

Die Beschränkung des Wahlrechts auf deutsche Staatsangehörige könnte sich auch aus Art. 38 I 2 GG ergeben, in dem es heißt: „Abgeordnete sind Vertreter des ganzen Volkes.“ Somit ist auf den Volksbegriff abzustellen und zu erörtern, wie der Verfassungsgeber diesen Begriff verstanden wissen wollte.

Der in Art. 38 I 2 GG verwendete Volksbegriff knüpft an den des Art. 20 II 2 GG an. Da weiterhin Art. 38 I 1 GG als Ausführung[37] und

---

[34] *Scheuner*, Festschrift für Huber, S. 231.

[35] *Scheuner*, Festschrift für Huber, S. 231.

[36] *Brüggemann*, Die Beschränkung der Rechte des Staatsvolkes, S. 24.

Art. 38 II GG als Konkretisierung[38] des in Art. 20 II 2 GG niedergelegten allgemeinen demokratischen Prinzips der Volkssouveränität erscheint, wonach alle Staatsgewalt, die vom Volke ausgeht (Art. 20 II 1 GG), von diesem in Wahlen und Abstimmungen ausgeübt wird und somit zwischen den auf das Prinzip der Volkssouveränität bezogenen Verfassungsbestimmungen ein engster innerer Zusammenhang besteht, soll — im Wege der systematischen Auslegung — ermittelt werden, ob sich nicht daraus formalrechtlich eine zwingende Beschränkung des Wahlrechts herleiten läßt.

Das Wahlrecht — ein zwar nicht vorstaatlich begründetes, mithin überstaatliches, wohl aber staatsgesetzlich begründetes Grundrecht — regelt aktiv die Befugnis, bei der Wahl der Volksvertreter mitzuwirken. Es ist notwendig, sich der Vieldeutigkeit des Wortes „Volk" bewußt zu werden, weil der Begriff im Grundgesetz der Bundesrepublik Deutschland nicht immer völlig identisch[39] verwandt wird, sondern mit dem gleichen Namen eine Reihe von Größen und Subjekten bezeichnet wird, deren rechtliche, politische und soziologische Verschiedenheit sofort einleuchtet[40]. Der Begriff des Volkes findet sich in Art. 20 II 1 GG, in dem es heißt: „Alle Staatsgewalt geht vom Volke aus", sowie in Satz 2 desselben Absatzes „Sie wird vom Volk in Wahlen und Abstimmungen ... ausgeübt."

Obwohl somit in Art. 20 II GG der Begriff „Volk" zweimal verwendet wird, kommt ihm dennoch nicht derselbe Inhalt zu. In Satz 1 ist „Volk" die Gesamtbürgerschaft, der Verband aller Staatsangehörigen, die Totalität der Staatsbürger als Träger der höchsten Staatsgewalt[41]. Demgegenüber spricht Art. 20 II Satz 2 mit dem die Staatsgewalt in Wahlen ausübenden Volke nur einen Ausschnitt aus dem Staatsvolk, die sogenannte Aktivbürgerschaft, mithin die Gesamtheit aller wahlberechtigten Bürger an[42]. Mit dem Satz 1 des Absatzes 2: „Alle Staatsgewalt geht vom Volke aus", ist das Prinzip der Volkssouveränität im Sinne der Staatsträgerschaft des Volkes angesprochen[43].

Es mag dahinstehen, ob der Verfassungsgeber im Willen des Volkes die letzte Legitimation der irdischen Herrschaft selbst und aller irdi-

---

[37] *Brinkmann*, Grundrechts-Kommentar zum Grundgesetz, Art. 38 I, 1 a.

[38] *v. Mangoldt / Klein*, Das Bonner Grundgesetz, Bd. II, Anm. II, 3 zu Art. 38 GG.

[39] *Henkel*, Integration und Repräsentation, S. 100.

[40] *Schmitt*, Volksentscheid und Volksbegehren, S. 32.

[41] *Maunz* in: MDH, Rdnr. 49 zu Art. 20; *v. Mangoldt / Klein*, Das Bonner Grundgesetz, Bd. I, Anm. V 4 c zu Art. 20.

[42] *Maunz* in: MDH, Rdnr. 49 zu Art. 20; *Peters*, Lehrbuch der Verwaltung, S. 131, *Peters* unterscheidet zwischen „Staatsangehörigen" und „Aktivbürgern".

[43] *v. Mangoldt / Klein*, Das Bonner Grundgesetz, Bd. I, Anm. V 4 zu Art. 20.

schen Herrschaftsäußerungen erblickt oder das Volk als obersten Träger und Bewahrer der ihm von Gott übertragenen Herrschaftsgewalt — der Sittenordnung und dem Naturrecht unterworfen — angesehen hat, auf keinen Fall sollte der Macht des Volkes ein absoluter Charakter zukommen[44]. Volk im Sinne des Art. 20 II 1 GG ist eine politisch ideelle Einheit, die Totalität der Staatsbürger, die — obwohl eine nichtorganisierte und nichtformierte Größe und personell wie sachlich in dauerndem Fluß — doch in jedem Augenblick als konkrete geistige Einheit gegenwärtig ist[45]. Volk im so verstandenen Sinne ist Legitimationsfaktor[46] für die Aktivbürgerschaft des Landes, für die faktischen Machtträger[47], mithin für diejenigen, die man als den politisch mobilisierten Teil[48] des Volkes bezeichnen könnte.

Das Grundgesetz vermeidet es mithin, in Art. 20 II die Demokratie als eine Staatsform zu definieren, bei der dem Volk als dem Träger der Staatsgewalt auch die Ausübung dieser Gewalt im ganzen zukommt. Es trägt einerseits dem Gedanken Rechnung, daß jeweils ein großer Teil eines jeden Staatsvolkes — z. B. Minderjährige aufgrund mangelnder Einsichtsfähigkeit — außerstande ist, an der Staatswillensbildung aktiv teilzunehmen, andererseits der Entscheidung für die repräsentative Demokratie, indem die Ausübung der Staatsgewalt in Art. 20 II 2 GG sowohl dem Volke in Wahlen und Abstimmungen, als auch „besonderen Organen" zugewiesen wird[49]. Wenngleich der Begriff „Volk" in Art. 20 II Satz 1 und 2 GG somit nach seinem Sinngehalt unterschiedlich zu deuten ist, so stellt sich die Frage, ob er nicht dennoch stets nur auf das deutsche Volk bezogen ist.

1.1.3.1.2.2. Präambel und Art. 146 GG

Der Volksbegriff im weiteren Sinne (Art. 20 II 1 GG) knüpft an jenen in der Präambel des Grundgesetzes und in Art. 1 II GG und Art. 146 GG an, in denen jeweils vom „Deutschen Volk" die Rede ist[50]. Darunter ist eine politisch ideelle Einheit zu verstehen, die die Staatsgewalt legitimiert[51]. Da diese politisch ideelle Einheit, die über den Kreis der in Art. 20 II 2 GG Angesprochenen hinaus alle Stimmberechtigten und Nichtstimmberechtigten umfaßt, sich — wie die Verfassung in der Präambel, Art. 1 II GG und Art. 146 GG formuliert — auf das „Deutsche Volk" er-

---

[44] *Maunz* in: MDH, Rdnr. 47 zu Art. 20.

[45] Siehe zum Volksbegriff auch: *Affolter*, Die rechtliche Stellung des Volkes in der Demokratie, S. 54, 77 ff.

[46] *Brüggemann*, Die Beschränkung der Rechte des Staatsvolkes, S. 15, 16.

[47] *Wernicke*, Bonner Kommentar, Erl. II 2 b zu Art. 20.

[48] *Schmitt*, Volksentscheid und Volksbegehren, S. 32.

[49] *Maunz* in: MDH, Rdnr. 50 zu Art. 20.

[50] *Wernicke*, Bonner Kommentar, Erl. II 2 b zu Art. 20.

[51] *Maunz* in: MDH, Rdnr. 49 zu Art. 20.

streckt, sind damit alle diejenigen vom Wahlrecht ausgeschlossen, die nicht Deutsche sind[52]. Daraus ergibt sich, daß die im Bundesgebiet ausgeübte staatliche Gewalt ihre Legitimation allein vom „deutschen Volk“ erhält[53].

Erblickt man nunmehr in Art. 20 II 2 GG den Volksbegriff im engeren Sinne, der die „faktischen Marktbürger“[54], die sogenannte Aktivbürgerschaft[55] und mithin lediglich einen Ausschnitt aus dem in Art. 20 II 1 GG umschriebenen Staatsvolk erfaßt, so bedeutet dies, daß auch der Volksbegriff im engeren Sinne auf Deutsche beschränkt ist und Ausländer nicht hinzugezählt werden können[56].

1.1.3.1.2.3. Volksbegriff im juristischen und soziologischen Sinne

Die Schwierigkeit, den Begriff des Volkes einer Deutung zuzuführen, wird offenkundig, wenn man bedenkt, was alles unter den Begriff des Volkes subsumiert worden ist und wird. Der Begriff des Volkes kann in verschiedenem Sinne verstanden werden. Unter Volk im juristischen Sinne wird meistens der Inbegriff jener Staatsangehörigen verstanden, die allein die sogenannten politischen Rechte, d. h. die Teilnahme an der Regierungsgewalt besitzen, die vollberechtigten Bürger[57].

Soziologisch wird das Volk vorgestellt als Summe isolierter Individuen, als undifferenzierte und nicht gemeinschaftsgebundene Menge[58], mithin als das lebendige Substrat des Staates im Sinne des Inbegriffs aller in einem Staate befindlichen Menschen[59]. In diesen Unterscheidungen sind Merkmale enthalten, die für eine staatsrechtliche Betrachtung von Bedeutung sind, wie z. B. Volk im Sinne der wahlberechtigten Bürger oder Volk im Sinne des natürlichen Volksbegriffes. Zwar läßt sich vom Standpunkt der Entwicklung der Staatslehre aus der Volksbegriff noch wesentlich stärker differenzieren, doch erscheint es zweckmäßig, sich bei der Untersuchung und Abklärung des grundgesetzlichen Volksbegriffes auf die Unterscheidung zwischen dem juristischen und soziologischen Volksbegriff zu beschränken.

---

[52] *Rolvering,* Die Rechtsgarantie für eine politische Betätigung von Ausländern, S. 77.

[53] *Henkel,* Integration und Repräsentation, S. 101.

[54] *Wernicke,* Bonner Kommentar, Erl. II 2 b zu Art. 20.

[55] *Maunz* in: MDH, Rdnr. 49 zu Art. 20.

[56] Im Ergebnis so auch: *Rolvering,* Die Rechtsgarantie für eine politische Betätigung von Ausländern, S. 77; *Isensee,* VVDStRL 32 (1974), S. 92, Fußn. 109; *Dolde,* Die politischen Rechte der Ausländer, S. 73 und ders., Zur Beteiligung von Ausländern am politischen Willensbildungsprozeß, DÖV 1973, S. 372.

[57] *Ermacora,* Allgemeine Staatslehre, 1. Teilband, S. 59.

[58] *Tütsch,* Die Repräsentation in der Demokratie, S. 47.

[59] *Ermacora,* Allgemeine Staatslehre, 1. Teilband, S. 59.

1.1.3.1.2.4. Darstellung der Argumentation in der Literatur

Angesichts des immer stärker anschwellenden Stromes ausländischer Arbeitnehmer in der Bundesrepublik Deutschland wird bisweilen der Versuch unternommen, die rechtliche Position eines ständig in der Bundesrepublik Deutschland lebenden und arbeitenden Ausländers hinsichtlich seiner Volkszugehörigkeit neu zu bestimmen und der eines deutschen Staatsangehörigen anzunähern.

So betrachtet *Aubert*[60] das Volk nicht mehr lediglich als die Gesamtheit der „Inhaber von Staatsangehörigkeitsausweisen"; allerdings geht er auch nicht so weit, dem Volksbegriff alle diejenigen zuzurechnen, die sich zufällig — in einem bestimmten Augenblick — auf staatlichem Boden versammelt haben.

Zum Volk gehören für ihn die Inländer sowie jene Ausländer, die sich auf dem Staatsgebiet des betreffenden Staates dauernd niedergelassen haben und deshalb die menschliche Substanz dieses Gemeinwesens bilden.

Auch *Thieme*[61] bekennt sich ausdrücklich zum soziologischen Staatsvolksbegriff. Nach seiner Meinung gehören dazu zunächst die Staatsangehörigen als Träger der Staatsgewalt. Mit *Jellinek*[62] spricht er dem Staatsvolk subjektive Qualität zu. Da nun auf jeden Fall der Inländer Mitglied des Staatsvolkes ist, ergeben sich daraus für ihn seinem Status gemäße Rechte, Pflichten und die der Staatsangehörigkeit wesensnotwendigen Eigenschaften. Wenngleich Thieme ausdrücklich einräumt, daß auch der Ausländer, der die Landessprache spricht, im Inland seinen Wohnsitz hat und sein Gewerbe ausübt, zum Staatsvolk gehört, bleibt seine Einstellung letztlich unklar, da er diese Fälle als Grenzfälle abtun und eleminieren zu können glaubt[63].

Zuleeg[64] weitet den Schlüsselbegriff des „Volkes" de lege lata im Wege einer soziologischen Interpretation über den Kreis der deutschen Staatsangehörigen hinaus aus. Zu der Lebensgemeinschaft des Volkes — zum Staatsvolk — gehören danach sicherlich alle Deutschen; darüber hinaus sind — nach seiner Ansicht — aber auch die Ausländer einzubeziehen, die ihr Schicksal mit dem des deutschen Volkes verbunden haben, indem sie in der Bundesrepublik Deutschland ansässig geworden

---

[60] *Aubert*, Le statut des étrangers en Suisse, S. 215 ff.

[61] *Thieme*, Die Rechtsstellung des Ausländers nach dem Bonner Grundgesetz, S. 60.

[62] *Jellinek*, Allgemeine Staatslehre, S. 406 ff.

[63] Siehe dazu auch *Rolvering*, Die Rechtsgarantie für eine politische Betätigung von Ausländern, S. 78, 97 ff. und *Thieme*, Die Rechtsstellung des Ausländers nach dem Bonner Grundgesetz, S. 60.

[64] *Zuleeg*, Grundrechte für Ausländer, DVBl. 1974, S. 341 ff. (349).

sind. Diese erweiterte Begriffsbestimmung des Volkes im Sinne des Art. 20 II 1 GG leitet Zuleeg aus der Verfassung, nämlich aus dem Sozialstaatsprinzip und dem Demokratiegebot, her[65]. Konsequenz seiner Auffassung ist die Verpflichtung des Staates im Hinblick auf Art. 38 II GG, allen der Schicksalsgemeinschaft angehörenden Menschen das Wahlrecht zuzugestehen. *Zuleeg* sieht im demokratischen Verfassungsprinzip lediglich ein Instrument der Sozialstaatlichkeit mit der Folge, daß er es nicht nur mehr für eine rechtspolitische Forderung, sondern für ein geradezu verfassungsrechtliches Gebot hält, das Wahlrecht nach sozialen Bedürfnissen zu verleihen[66]. Für ihn entspricht es sozialstaatlichem Denken, Ausländer bei länger dauerndem Aufenthalt, bei dem sie von den politischen Entscheidungen in ganz anderem Maße betroffen werden als bei nur vorübergehendem Aufenthalt, zu den Wahlen zuzulassen.

1.1.3.1.2.5. Eigene Stellungnahme

Wenn *Zuleeg* das demokratische Verfassungsprinzip nur für ein Instrument der Sozialstaatlichkeit hält mit der Folge, Wahlrecht nur nach sozialen Bedürfnissen zu verleihen, so ist dem entgegenzuhalten, daß das demokratische System sich nicht aus seinem Staatszweck (weder einem liberalen noch einem sozialen), sondern allein aus der selbstzweckhaften, ursprunghaften Souveränität des Volkes rechtfertigt[67].

Das Volk wird schließlich — in seiner Eigenschaft als Träger der Staatsgewalt — nicht durch die fluktuierende Gebietszugehörigkeit, sondern durch die personale Dauerbeziehung der Staatsangehörigkeit konstituiert[68]. Ob Art. 20 GG und das in ihm aufgenommene Prinzip der Volkssouveränität nun tatsächlich eine weitere (soziologische) Interpretation des Begriffes „Volk" über den Kreis der deutschen Staatsangehörigen hinaus auf Ausländer de lege lata ausschließt und mithin eine klare Entscheidung für den nationalen Charakter der staatlichen Herrschaftsstruktur trifft, indem es die aus dem status activus fließenden staatsbürgerlichen Befugnisse wie das Wahlrecht den Deutschen vorbehält, könnte sich noch aus einem Statusvergleich zwischen Inländern und Ausländern ergeben. Der deutsche Staatsbürger ist sein ganzes Leben lang unentrinnbar auf den Verband angewiesen, während die Ausländer den Folgen der von ihnen mitbestimmten Entscheidungen jederzeit durch Rückkehr in ihr Heimatland ausweichen können und somit der deutschen Staatsgewalt nicht in derselben Weise ausschließlich und

---

[65] Zur Zuordnung von Demokratie, sozialem Rechtsstaat und Bundesstaat siehe *Hesse*, Grundzüge des Verfassungsrechts der Bundesrepublik Deutschland, § 8, S. 110.

[66] *Zuleeg*, Zur staatsrechtlichen Stellung der Ausländer, DÖV 1973, S. 370.

[67] *Isensee*, VVDStRL 32 (1974), S. 92.

[68] *Isensee*, VVDStRL 32 (1974), S. 92.

unentrinnbar unterworfen sind[69]. Diesem Status geringerer Verantwortung muß ein Status minderen Rechts entsprechen[70]. Aus diesen Überlegungen wird ersichtlich, daß das Grundgesetz in Art. 20 mit Volk letztlich eine der drei Konstituanten des Staatsbegriffes angesprochen hat: das Staatsvolk als Summe der Staatsangehörigen[71]. Das Grundgesetz ist vom herkömmlichen Demokratieverständnis getragen, wonach „Legitimation und Ethos“ der Demokratie entfallen, wenn das Wahlrecht von der Staatsangehörigkeit gelöst und Verbandsfremden zugestanden wird, da mit der Gewährung dieses staatsbürgerlichen Rechts die Grenze zwischen demokratischer Selbstbestimmung des Staatsverbandes und demokratiewidriger Fremdbestimmung durch Außenstehende überschritten wird[72].

1.1.3.1.2.6. Ergebnis

Aus der vorstehenden Untersuchung ergibt sich, daß Art. 20 GG das herkömmliche Prinzip der Volkssouveränität so eindeutig aufgreift, daß eine weitere soziologische Interpretation des Begriffes Volk de lege lata ausgeschlossen ist. Die Verfassung verwendet den Begriff Volk, meint deutsches Volk und schließt damit alle aus, die nicht Deutsche im Sinne des Art. 116 GG sind. Der Volksbegriff des Gurndgesetzes ist in seinem Gehalt auf Deutsche im Sinne des Art. 116 GG beschränkt.

1.1.3.2. Das Prinzip der Egalität

1.1.3.2.1. Begriffsdefinition

Neben dem Grundsatz der Volkssouveränität, der in Art. 20 GG verankert ist und zu einer Beschränkung des Wahlrechts auf Deutsche führt, fordert auch das Prinzip der demokratischen Egalität im Sinne des Art. 20 GG in letzter Konsequenz den Ausschluß der Ausländer bei Bundestagswahlen[73]. Das Prinzip demokratischer Egalität besagt, daß — unter dem Aspekt des gleichen und allgemeinen Wahlrechts — nicht gleichermaßen Betroffene von der Wahlentscheidung ausgeschlossen werden dürfen; verletzt wird dieser Grundsatz auch bei ungleichem Wahlrecht für gleich Betroffene und gleichem Wahlrecht für ungleich Betroffene. Eindeutig ist dies bei ungleichem Stimmgewicht, doch trifft dies auch dann zu, wenn das Stimmrecht auf weniger Betroffene ausgedehnt wird[74]. Es stellt sich nun hier die Frage, ob der Ausländer im Vergleich

---

[69] *Isensee*, VVDStRL 32 (1974), S. 93.
[70] *Tomuschat*, Zur politischen Betätigung des Ausländers, S. 60.
[71] *Ruland*, Wahlrecht für Ausländer?, JuS 1975, S. 11.
[72] *Isensee*, VVDStRL 32 (1974), S. 93.
[73] *Ruland*, Wahlrecht für Ausländer?, JuS 1975, S. 11.
[74] *Ruland*, Wahlrecht für Ausländer?, JuS 1975, S. 11.

zum Inländer bei Bundestagswahlen unterschiedlich betroffen ist, so daß sich aus der unterschiedlichen Betroffenheit heraus eine unterschiedliche Behandlung beider Gruppen rechtfertigen, gar fordern läßt.

1.1.3.2.2. Statusvergleich: Inländer — Ausländer

Ein Statusvergleich zwischen Inländern und Ausländern stößt auf Unterschiede zwischen der Stellung der Staatsangehörigen und der Staatsfremden. Der Ausländer ist Angehöriger eines anderen Staates und unterliegt dessen Personalhoheit. Nicht unentrinnbar auf den Aufenthaltsstaat angewiesen, kann er die bestehende Bindung zum Aufenthaltsort nach Gutdünken lösen und sich, da er Ausreisefreiheit genießt, jederzeit der Gebietshoheit des Aufenthaltsstaates entziehen[75]. Im Gegensatz zum Ausländer verbindet den Staatsangehörigen ein dauerhaftes, personales Band mit dem Staat des Grundgesetzes; der Staatsangehörige ist dem Staat unentrinnbar[76] verbunden.

Dazu kommt, daß der Ausländer — z. B. in der Frage der Wehrpflicht — über Pflichten mitentscheiden könnte, die nur Staatsangehörige treffen und von denen er kraft Völkerrechts befreit ist[77]. Dem Argument, daß ja auch Frauen — trotz Freistellung vom Wehrdienst — wahlberechtigt seien, läßt sich entgegensetzen, daß insoweit der Gesetzgeber nicht kraft Völkerrechts gehindert ist, die Verfassung dahingehend zu ändern, auch Frauen zum Wehrdienst heranzuziehen.

Der unterschiedlichen Betroffenheit von Inländern und Ausländern seitens der Staatsgewalt entspricht eine unterschiedliche Verantwortlichkeit dem Aufenthaltsstaat gegenüber. Es ist bezeichnend und einleuchtend, daß der, der sein eigenes persönliches Schicksal mit dem des Staates verbunden hat, ein anderes Gefühl der Verantwortlichkeit für den Staat und seine bei der Ausübung des Wahlrechts getroffenen Entscheidungen aufbringt als jemand, der sich jederzeit seiner Verantwortung durch Rückkehr in sein Heimatland entziehen kann[78]. Wenn man bedenkt, vor welch starke innere Konflikte der Ausländer sich z. B. im Bereich der Staatspolitik gestellt sehen kann, wenn — nicht nur im außenpolitischen Bereich — Fragen anstehen, die nicht nur internen Charakter haben, sondern Außenwirkungen zeigen und mithin die Hei-

---

[75] *Isensee*, VVDStRL 32 (1974), S. 59 ff.

[76] *Isensee* spricht in diesem Zusammenhang von der unentrinnbaren Staatsabhängigkeit als Status-Kriterium und führt dazu aus: „Die Verfassung der Bundesrepublik vermag dieses Ausländerprivileg nicht dadurch aufzuwiegen, daß sie dem Staatsangehörigen die freie Ausreise im Rahmen der allgemeinen Handlungsfreiheit grundrechtlich gewährleistet. Denn das Grundgesetz vermag dem ausreisewilligen Deutschen keinen Aufnahmeanspruch gegenüber einem fremden Staat sicherzustellen", *Isensee*, VVDStRL 32 (1974), S. 59, 60.

[77] Vgl. hierzu: *Jaenicke / Doehring*, ZaöRV 16 (1955/56), S. 523 ff. und *Verdross*, Völkerrecht, S. 369.

[78] Vgl. dazu auch: *Doehring*, VVDStRL 32 (1974), S. 36, 37.

matländer der in der Bundesrepublik ansässigen Ausländer tangieren können, ist es zumindest nicht auszuschließen, daß wahlberechtigte Ausländer bei politischen Differenzen zwischen dem Heimatstaat und dem Aufenthaltsstaat zur „zweiten Front“ werden[79]. Schon an diesem Beispiel sieht man deutlich, wohin die Gewährung des Wahlrechts bei unterschiedlicher Betroffenheit und damit indizierter unterschiedlicher Verantwortlichkeit dem Staat gegenüber führen müßte.

1.1.3.2.3. Diskriminierungsverbot

Der Ausschluß der Ausländer vom Wahlrecht stellt keine unzulässige Diskriminierung der Ausländer dar; er ist vielmehr aus einer sachlich begründeten Differenzierung gerechtfertigt. Ein sachliches Differenzierungsmerkmal liegt nach der Auffassung des Bundesverfassungsgerichts sogar dann vor, wenn nach dem gegenwärtigen Wohnsitzprinzip des Bundeswahlgesetzes den im Ausland lebenden Deutschen die Teilnahme an den Wahlen zum Deutschen Bundestag verwehrt wird[80]; entscheidend ist immer, daß die Beschränkung des Kreises der Wahlberechtigten keine unzulässige Diskriminierung der von den Wahlen ausgeschlossenen Personen darstellt, sondern sachlich gerechtfertigt ist[81].

1.1.3.2.4. Ergebnis

Das in Art. 20 GG verankerte Prinzip der demokratischen Egalität[82], das, wie oben festgestellt, auch dann verletzt wird, wenn das Stimmrecht auf weniger Betroffene ausgedehnt wird, gebietet ebenfalls den Ausschluß der Ausländer von Bundestagswahlen, da bei Zuerkennung des Wahlrechts an Ausländer den Stimmen der eigentlich Betroffenen weniger Gewicht zukäme, als ihnen der Sache nach gebührt.

1.1.4. Gesamtergebnis

§ 12 BWahlG, der Ausländer vom Wahlrecht zum Bundestag ausschließt, verstößt nicht gegen die Verfassung, wie sich sowohl aus einer historischen Interpretation der Wahlrechtsgrundsätze des Art. 38 I 1 GG

---

[79] *Ruland* sieht den Aufenthaltsstaat eines wahlberechtigten Ausländers nunmehr auf zweierlei Ebenen mit den Interessen eines anderen Staates konfrontiert: Einmal, wie bisher, auf der herkömmlichen zwischenstaatlichen Ebene; zum anderen auf der innerstaatlichen Ebene, da der Ausländer bei seiner Wahlentscheidung im Aufenthaltsstaat auch die Interessen seines Heimatstaates mitberücksichtigen kann; *Ruland*, Wahlrecht für Ausländer?, JuS 1975, S. 11.

[80] BVerfGE 5, S. 2 (6) und BVerfGE 36, S. 139; siehe dazu auch *Henkel*, Wahlrecht für Deutsche im Ausland, AöR 1974, S. 1 ff.

[81] Zur Frage der Differenzierungsmerkmale siehe insbesondere auch *Rolvering*, Die Rechtsgarantien für eine politische Betätigung von Ausländern, § 10, S. 104 ff.

[82] Siehe dazu *Birkenheier*, Wahlrecht für Ausländer, S. 82.

als auch aus dem Begriff des Volkes im Sinne der Idee der Volkssouveränität, den Art. 20 II 1 GG zur Kennzeichnung der Legitimationsquelle aller Staatsgewalt verwendet, ergibt. Die Vorschrift ist vielmehr sogar verfassungsgeboten[83]. Danach gehören zum Volk nur alle im Bundesgebiet lebenden Deutschen, das Bundesvolk, nicht aber Ausländer.

Da das Grundgesetz mithin die Teilnahme von Ausländern an der Ausübung der Staatsgewalt in Form von Wahlen untersagt, entspricht die in Ausführung von Art. 38 III GG ergangene Bestimmung über die Beschränkung des aktiven Wahlrechts zum Bundestag auf Deutsche und den Ausschluß der Ausländer dem Gebot der Verfassung und ist insoweit verfassungsgemäß[84].

1.2. Das passive Wahlrecht

1.2.1. Die Gesetzeslage

Der Bundesgesetzgeber hat in § 16 Abs. 1 BWahlG geregelt, daß wählbar ist, wer seit mindestens einem Jahr Deutscher im Sinne des Art. 116 I GG ist. Dies führt dazu, daß ein Ausländer in keinem Falle die Voraussetzungen für die Wählbarkeit zum Bundestag erfüllen kann. Die Beschränkung des passiven Wahlrechts zum Bundestag auf Deutsche wird in Art. 38 II 2. Halbsatz GG nicht ausdrücklich festgelegt. Doch sprechen die Geschichte, der Brauch fast aller Staaten sowie die systematische Interpretation des Art. 38 II 2 GG im Lichte der übrigen Verfassungsbestimmungen eindeutig für eine Beschränkung auch des passiven Wahlrechts zum Bundestag auf deutsche Staatsangehörige[85].

1.2.2. Der Stand der Meinungen in der Literatur

Soweit in der Literatur zu dieser Frage Stellung genommen wird, ist dieses Ergebnis weithin unbestritten. Nicht einheitlich sind jedoch die Argumente, die zur Stützung dieser Ansicht vorgebracht werden.

So ist *Tomuschat*[86] der Meinung, daß dem Fremden das Recht auf Teilhabe an der deutschen Staatsgewalt fehle, womit für ihn gesagt ist, daß die aus dem status activus fließenden staatsbürgerlichen Befugnisse im engeren Sinne, wie insbesondere das aktive und passive Wahlrecht (Art. 38 GG) sowie das Recht auf Zugang zu öffentlichen Ämtern (Art. 33 II GG) und sonstigen Staatsfunktionen, den Deutschen vorbehalten sind.

---

[83] *Ruland,* Wahlrecht für Ausländer?, JuS 1975, S. 10.

[84] *Ruppel,* Der Grundrechtsschutz der Ausländer im deutschen Verfassungsrecht, S. 187.

[85] *v. Frisch,* Das Fremdenrecht, S. 353.

[86] *Tomuschat,* Zur politischen Betätigung des Ausländers, S. 57.

Die amtliche Begründung zum Regierungsentwurf des Bundeswahlgesetzes 1953 geht davon aus, daß der Besitz des aktiven Wahlrechts selbstverständliche Voraussetzung für die Wählbarkeit sein muß[87].

Dem Grundsatz, daß das passive Wahlrecht das aktive voraussetzt, könnte der Gedanke zugrunde liegen, im passiven Wahlrecht ein Plus gegenüber dem aktiven zu sehen[88]. Die Fassung des § 16 BWahlG könnte allerdings gegen eine solche Annahme sprechen. Im Gegensatz etwa zu Art. 54 I 2 GG (dort heißt es: „Wählbar ist jeder Deutsche, der das Wahlrecht zum Bundestag besitzt“) nimmt § 16 BWahlG nämlich nicht auf das aktive Wahlrecht Bezug[89]. Dieser Umkehrschluß aus Art. 54 I 2 GG führt dazu, daß mithin weder der Bundeskanzler noch Bundesminister, Parlamentsabgeordnete und sonstige höchste Organwalter in Bund und Ländern Deutsche sein müßten; lediglich eine strikt formalistische Verfassungsauslegung vermag jedoch zu einem derartigen Ergebnis zu gelangen[90]. Um eine Beschränkung des passiven Wahlrechts auf Deutsche zu belegen, verweist *Dolde* vielmehr auf den Rechtsgedanken des Art. 33 II GG, der nur den Deutschen Zugang zu öffentlichen Ämtern gewährleistet[91]. Er legt dar, daß eine unmittelbare Anwendung im Sinne einer Modifizierung des Art. 38 II GG durch den Art. 33 II GG allerdings problematisch sei, da sich — obwohl das Grundgesetz in Art. 48 II 1 vom „Amt des Abgeordneten“ spreche — Art. 33 II GG nur auf solche Ämter beziehe, die nicht in der Parlamentsmitgliedschaft bestehen; denn die Wahl der Parlamentsmitglieder erfolge ohne Rücksicht auf die in Art. 33 II GG aufgezählten Eignungsmerkmale nach dem demokratischen Prinzip. Gegen die Bemühungen des Rechtsgedankens des Art. 33 GG im Zusammenhang mit dem passiven Wahlrecht spricht sich dagegen *Isensee* aus[92]. Er meint, von der Ebene des öffentlichen Dienstes führe keine Analogiebrücke auf die Ebene der Staatsorgane. Dem ist entgegenzuhalten, daß *v. Mangoldt*[93] schon bei den Beratungen des Parlamentarischen Rates den Zusammenhang des Art. 33 II GG mit dem Wahlrecht hergestellt hat, wenn er sagt: „Das Recht auf ein öffentliches Amt ist in Verbindung mit dem Wahlrecht, der Wahlfreiheit, usw. zu sehen.“

Während — so *Isensee* — auf der ersten Ebene die Regeln der rechtsstaatlichen Gleichheit (Art. 33 II GG) dominierten, seien es auf der zweiten die der demokratischen Repräsentation. Mithin folge die Besetzung der Staatsorgane nicht den formalisierten Eignungskriterien des Art.

[87] BT-Drucks. I/4090 S. 17 zu § 5.

[88] *Schiedermair*, Handbuch des Ausländerrechts, S. 447.

[89] *Dolde*, Die politischen Rechte der Ausländer, S. 73.

[90] *Isensee*, VVDStRL 32 (1974), S. 95, Fußn. 116.

[91] *Dolde*, Die politischen Rechte der Ausländer, S. 74, Fußn. 3.

[92] *Isensee*, VVDStRL 32 (1974), S. 95.

[93] *Matz*, JöR NF 1 (1951), S. 312.

33 II GG, sondern den Regeln materialer Legitimation, die der souveräne Wille des Staatsvolkes verleiht, die aber auch die Zugehörigkeit zum Staatsvolk voraussetzt.

Zutreffend erscheint es, aus Art. 33 II GG den allgemeinen Grundsatz abzuleiten, daß das Grundgesetz dem Ausländer den Zugang zur Stellung als Organwalter im öffentlichen Dienst verfassungsrechtlich nicht gewährleisten will[94]. Dieser Grundsatz läßt sich auch auf Parlamentswahlen anwenden, da das demokratische Prinzip nur die Eignungsmerkmale „überspielt", aber nichts darüber besagt, wer nach der Verfassung die Möglichkeit erhalten soll, Organwalter zu werden[95].

Ruppel[96] leitet die Beschränkung auch des passiven Wahlrechts auf Deutsche unmittelbar aus Art. 20 II 2 GG ab. Es erscheint zutreffend, den Art. 20 II 2 GG, in dem es heißt, das Volk übe die Staatsgewalt in Wahlen aus, so auszulegen, daß darunter nicht nur das aktive Wählen, sondern auch das passive Sich-zur-Wahl-stellen verstanden wird[97]. Dies ergibt sich aus der Funktion der Volksvertretung als Repräsentation des Volkes, wobei Repräsentation — im Hinblick auf den demokratischen Staat gebraucht — als ein Bestandteil der politischen Idee der Demokratie anzusehen ist, so daß der Begriff der Repräsentation nicht im rechtlichen, sondern im politischen Sinne verstanden werden muß[98]. Dadurch wird es geradezu selbstverständlich, daß eine als politisches Repräsentativorgan des Volkes verstandene Volksvertretung auch aus dessen Mitte hervorgegangen sein muß.

In Art. 38 I 2 GG wird den Abgeordneten das „freie Mandat" zuerkannt, d. h. sie sind an Aufträge und Weisungen nicht gebunden.

Doehring[99] zeigt anhand eines — wenn auch krassen — Beispiels sehr deutlich, was im Extremfall geschehen kann, wenn Ausländern passives Wahlrecht gewährt wird. Er geht von der Situation aus, daß überhaupt kein Abgeordneter mehr die deutsche, sondern alle nur noch die ausländische Staatsangehörigkeit innehätten. In einer solchen Lage wäre nicht auszuschließen, daß die meinungsbildenden Faktoren nichtdeutschen Ursprungs im politischen Konzert einen alle anderen Stimmen übertönenden Part für sich erringen und der auf diese Weise erzeugte Druck schließlich zu einer Unterordnung der Ziele deutscher Politik unter ausländische Interessen führt[100]. Da gemäß Art. 38 I 2 GG die Abgeordneten

[94] *Dolde*, Die politischen Rechte der Ausländer, S. 74.

[95] *Dolde*, Die politischen Rechte der Ausländer, S. 74.

[96] *Ruppel*, Der Grundrechtsschutz der Ausländer, S. 187.

[97] So auch *Behrend*, Kommunalwahlrecht für Ausländer in der Bundesrepublik, DÖV 1973, S. 377.

[98] *Badura*, Bonner Kommentar, Rdnr. 23 zu Art. 38.

[99] *Doehring*, Die staatsrechtliche Stellung der Ausländer in der Bundesrepublik Deutschland, VVDStRL 32 (1974), S. 36.

[100] *Tomuschat*, Zur politischen Betätigung des Ausländers, S. 60.

im Rahmen eines freien Mandats an Aufträge und Weisungen nicht gebunden sind, würde keine deutsche Staatsgewalt mehr ausgeübt.

Das Korrelat zum „freien Mandat" sieht *Doehring* sehr richtig in der Zugehörigkeit zum Staatsvolk. Desgleichen gilt für die Freiheit der Gewissensentscheidung, die jedem Abgeordneten zugestanden wird. Beides zusammen — das freie Mandat und die Freiheit der Gewissensentscheidung — setzen im System der Repräsentation das Parlament frei, anstelle des Staatsvolkes zu handeln. Das Parlament „ist" dann das Staatsvolk. Wenn schon die Identität von Regierenden und Regierten ein unerfüllbares Ideal bleiben muß, so muß doch zumindest das demokratische Gebot der Homogenität von Volk und Volksrepräsentation verwirklicht werden.

1.2.3. Ergebnis

Die Beschränkung des Wahlrechts auf Deutsche gilt somit auch für das passive Wahlrecht[101]. Wenngleich die zur Bekräftigung dieser Aussage angeführten Argumente, die jeweils für sich einen richtigen Teilaskept beleuchten, unterschiedlich sind, so führen dennoch alle zu diesem Ergebnis.

Die angestellten Überlegungen haben gezeigt, daß man es als geradezu selbstverständlich bezeichnen und ansehen kann, daß kraft Verfassung (Art. 38 II 2. Halbsatz GG) auch das passive Wahlrecht auf Deutsche im Sinne des Art. 116 GG beschränkt ist und Ausländer von den Wahlen zum Deutschen Bundestag ausschließt.

Da die Verfassung somit dem Gesetzgeber verbietet, Ausländern das passive Wahlrecht zum Bundestag zu verleihen, entspricht das Bundeswahlgesetz in § 16 Abs. 1 BWahlG auch in dieser Hinsicht dem Gebot der Verfassung und ist verfassungsgemäß.

2. Die Wahlberechtigung der Ausländer zum Bundestag de constitutione ferenda

Auf Grund der vorstehenden Erörterungen ergibt sich, daß der Ausschluß der Ausländer vom Wahlrecht zum Deutschen Bundestag nicht nur mit dem Grundgesetz vereinbar ist, sondern von diesem geradezu gefordert wird. Daher ist gegenwärtig eine Änderung des Bundeswahlgesetzes dahin, Ausländern das Wahlrecht zum Bundestag zu gewähren, unzulässig. Der im Art. 38 III GG enthaltene Regelungsauftrag erlaubt

---

[101] Im Ergebnis ebenso auch: *Ruland*, Wahlrecht für Ausländer?, JuS 1975, S. 13, *Dolde*, Die politischen Rechte der Ausländer, S. 73 und *Birkenheier*, Wahlrecht für Ausländer, S. 89.

es dem Gesetzgeber nicht, auch Ausländern — im Widerspruch zum Grundgesetz — das Wahlrecht zu verleihen.

2.1. Art. 79 III GG und seine Bedeutung für Art. 20 GG

Es stellt sich die Frage, ob ein Wahlrecht für Ausländer wenigstens über eine Änderung des Grundgesetzes eingeführt werden kann oder aber, ob der Verfassungsgesetzgeber wegen seiner Bindung an die Fundamentalnormen der Verfassung über Art. 79 III GG in Verbindung mit Art. 20 GG dazu nicht in der Lage wäre. Durch diese Bestimmung ist eine Änderung des Art. 20 GG nicht überhaupt ausgeschlossen, vielmehr muß lediglich sichergestellt sein, daß auch bei einer Änderung u. a. die in den Artikeln 1 GG und 20 GG niedergelegten Grundsätze jedenfalls gewahrt bleiben.

2.1.1. Die Bindung des Verfassungsgebers durch Art. 79 III GG

In Art. 79 III GG werden u. a. die in Art. 1 und 20 GG niedergelegten Grundsätze gegen eine Verfassungsänderung geschützt[102]. Die Grundsätze der Art. 1 GG und 20 GG gelten absolut. Von ihnen gibt es keine Ausnahme. Wenn es nur eben Grundsätze im Sinne der Art. 1 GG und 20 GG sind, sind sie durch Art. 79 III GG eben auch nicht „partiell zur Disposition gestellt“[103]. Wenn im Art. 79 III GG auf Grundsätze Bezug genommen wird, so ist damit ein „Verfassungskern“, ein „änderungsfestes Minimum“, angesprochen, das überhaupt jeder Verfassungsänderung entzogen ist[104]. *Nawiasky*[105] ist es gewesen, der den Begriff „Staatsfundamentalnormen“ für die Grundsätze prägte, die nach Art. 79 III GG unantastbar sind.

Als unzulässig werden somit solche Eingriffe in die Art. 1 und 20 GG angesehen, durch die der Sinn der Vorschrift in ihrer jeweiligen Formulierung verändert oder entstellt, ihre generelle Geltung und Bedeutung eingeschränkt oder eine Sonderregelung geschaffen werden würde, die mit den in diesen beiden Vorschriften verbürgten Grundsätzen nicht in Einklang steht. Verstieße somit die Einführung des Wahlrechts für Ausländer gegen die „Substanz“, den substantiellen Kern des Art. 20 GG, wäre eine dahingehende Änderung des Grundgesetzes nicht möglich.

---

[102] *Maunz / Dürig* in: MDH, Rdnr. 47 zu Art. 79.

[103] *Rasenack*, Der Staat, 273.

[104] *Dürig*, Festgabe für Maunz, S. 43.

[105] *Nawiasky*, Die Grundgedanken des Grundgesetzes für die Bundesrepublik Deutschland, S. 122.

2.1.2. Art. 79 III GG und das Prinzip der Volkssouveränität

Zum Kerngehalt des Art. 20 GG gehört die in Abs. 2 Satz 2 enthaltene Verfassungsentscheidung für die Volkssouveränität und die Ausübung der Staatsgewalt durch das Volk in Wahlen und Abstimmungen[106]. Wie die vorstehende Untersuchung ergeben hat, greift — nach dem Verfassungsverständnis des Grundgesetzes der Bundesrepublik Deutschland — Art. 20 GG so eindeutig das herkömmliche Prinzip der Volkssouveränität (Beteiligung der gewaltunterworfenen Staatsangehörigen bzw. Deutschen im Sinne des Art. 116 GG an der Ausübung der Staatsgewalt) auf, daß eine weitere soziologische Interpretation des Begriffes Volk über den Kreis der Deutschen hinaus auf Ausländer de lege lata ausgeschlossen ist[107]. Insoweit impliziert der Grundsatz der Volkssouveränität den Ausschluß aller Ausländer von der Ausübung der Staatsgewalt und eine strikte Beschränkung auf Deutsche im Sinne des Art. 116 GG.

Behrend[108] vertritt den Standpunkt, der Kerngehalt des Art. 20 II GG könne nicht die Monopolisierung der staatsbürgerlichen Rechte bei den deutschen Staatsangehörigen sein. Er sieht keinen Verstoß gegen die Grundsätze des Art. 20 II GG, wenn durch eine Verfassungsänderung seit längerem in der Bundesrepublik Deutschland lebenden Ausländern das Wahlrecht gewährt würde. Vielmehr betrachtet Behrend es als eine Weiterentwicklung der herkömmlichen Ausprägungsform des demokratischen Prinzips, auch diejenigen an der Ausübung der Staatsgewalt zu beteiligen, die in gleicher Weise wie die Staatsbürger von ihr betroffen werden und in vergleichbarer Weise zur Ausübung staatsbürgerlicher Rechte fähig sind. Dies berührt die Frage der Betroffenheit der Staatsbürger und Ausländer durch die Staatsgewalt in der Bundesrepublik Deutschland.

2.1.3. Art. 79 III GG und das Prinzip der Egalität

Der Grundsatz der Egalität[109] ist als unantastbares Prinzip in Art. 20 GG verankert, impliziert durch die Verfassungsentscheidung für die Demokratie, die sowohl in Art. 20 GG wie auch in Art. 79 III GG als klassische Demokratie verstanden wird und die wohl wichtigste Unantastbarkeitsnorm darstellt[110]. Dieses Postulat der Ausübung der Staats-

---

106 *Maunz* in: MDH, Rdnr. 46 - 50 zu Art. 20.

107 *Dolde*, Zur Beteiligung von Ausländern am politischen Wilelnsbildungsprozeß, DÖV 1973, S. 372; siehe dazu auch *Thieme*, Die Rechtsstellung des Ausländers nach dem Bonner Grundgesetz, S. 89.

108 *Behrend*, Kommunalwahlrecht für Ausländer in der Bundesrepublik, DÖV 1973, S. 377.

109 Zum Grundsatz der Egalität: BVerfGE 8, 69 und *Maunz* in: MDH, Rdnr. 47 zu Art. 79.

110 *Maunz / Dürig* in: MDH, Rdnr. 47 zu Art. 79.

gewalt in Wahlen und Abstimmungen durch das Volk steht in engem Zusammenhang mit dem bereits oben dargestellten Prinzip der Volkssouveränität. Insofern wird man im Ergebnis *Behrend* nicht zustimmen können, sondern im Gegenteil den Ausschluß der Ausländer von der Beteiligung an Wahlen zum Deutschen Bundestag als vom Grundgesetz zwingend und unabänderlich geboten ansehen müssen.

2.2. Konsequenzen und Ergebnisse

Daraus ergibt sich, daß auch über eine Änderung des Grundgesetzes — z. B. Einführung einer entsprechenden Klausel in Art. 38 GG — den Ausländern kein Wahlrecht zum Deutschen Bundestag eingeräumt werden kann, da damit gegen in Art. 20 GG verankerte Fundamentalnormen der Verfassung verstoßen würde, die über Art. 79 III GG zwingend geschützt sind.

Zweiter Abschnitt

Die Wahlberechtigung von Ausländern zu den Landtagen

1. Die Wahlberechtigung von Ausländern zu den Landtagen de constitutione lata

1.1. Die Rechtslage nach den Landesverfassungen

Mehrere Landesverfassungen[1] sowie die Wahlgesetze aller Bundesländer[2] haben das aktive und passive Wahlrecht ausdrücklich auf die deutschen Staatsbürger beschränkt. Die Klärung der Frage, ob diese Beschränkungen im Einklang mit dem Grundgesetz, d. h. mit einer aus dem Grundgesetz abgeleiteten Aussage stehen, ist Gegenstand der nachfolgenden Untersuchung.

1.2. Die Verfassungslage nach dem Grundgesetz

1.2.1. Der Begriff „Volk" in Art. 28 I 2 GG

In Art. 28 I 2 des Grundgesetzes heißt es, daß in den „Ländern, Kreisen und Gemeinden das Volk eine Vertretung haben muß". Fraglich ist, ob der Begriff des „Volkes" in Art. 28 I 2 GG inhaltlich mit dem in Art. 20 II 1 GG verwendeten Ausdruck übereinstimmt und mithin lediglich die Gesamtheit der jeweiligen Staatsangehörigen unter Ausschluß der „Fremden" erfaßt.

Sasse[3] vertritt die Ansicht, in Art. 28 I 2 GG werde nur die *deutsche* Bevölkerung des jeweiligen Landes, Kreises oder der Gemeinde angesprochen („das Deutsche Volk in den Ländern"); Ausländer würden von

---

[1] Art. 26 I, 28 II BaWüVerf.; Art. 4, 7, 14 II BayVerf.; Art. 69 I, 76, 78 BremVerf.; Art. 73 I, 75 II HessVerf.; Art. 4 II NdsVerf.; Art. 75 II, 76 II, 80 II RhPfVerf.; Art. 66, 68 II 2 SaarlVerf.; ebenso die Verfassung von Berlin in Art. 26 III, IV; siehe auch Art. 6 II, IV HambVerf.; Art. 3 IV SchlHVerf.; Art. 2, 30 I NRWVerf.; Art. 31 I, II, IV NRWVerf.

[2] Art. 8 I, 11 I BaWüLandtagswahlG.; Art. 1 I, 39 II BayLandtagswahlG.; §§ 1, 5 BremLandtagswahlG.; §§ 6 Nr. 2, 10 HambWahlG.; §§ 2, 5 HessLandtagswahlG.; §§ 2, 6 NdsLandeswahlG.; §§ 1 Nr. 1, 4 I NRWLandeswahlG.; §§ 2, 29 I RhPfLandeswahlG.; §§ 13, 17 SaarlLandtagswahlG.; §§ 1 I, 9 I Nr. 1 SchlHLandeswahlG.; ebenso §§ 1, 5 BerlLandeswahlG.

[3] *Sasse*, Kommunalwahlrecht für Ausländer, S. 45.

diesem Artikel des Grundgesetzes in keiner Weise tangiert, da Art. 28 I 2 GG — in Verbindung mit Art. 33 I GG — lediglich bestimme, daß jedenfalls der *deutsche* Bevölkerungsteil in Ländern, Kreisen und Gemeinden demokratisch vertreten sein müsse. Für *Sasse* ergibt sich diese Auslegung des Art. 28 I 2 GG im Sinne einer unverzichtbaren Mindestanforderung für Deutsche aus dem lediglich rahmensetzenden Charakter derartiger Homogenitätsklauseln.

Es begegnet Bedenken, den Volksbegriff des Art. 28 GG auf diese Weise zu erweitern. Art. 28 GG ist in engem Zusammenhang mit Art. 20 GG zu sehen[4], geht doch Art. 28 GG von demselben Volksbegriff aus wie Art. 20 GG. Deswegen müssen bei Art. 28 GG dieselben Grundsätze gelten wie bei Art. 20 GG. In Art. 28 I 1 GG sind Idee und Institution der parlamentarisch-repräsentativen Demokratie ausdrücklich auch für die Länder festgelegt[5]. Der Grundsatz der Volkssouveränität, dessen herkömmliches Prinzip eindeutig in Art. 20 II 2 GG aufgenommen ist, findet sich auch in Art. 28 I 2 GG formal noch dahin konkretisiert, daß das Volk auch in den Ländern, Kreisen und Gemeinden eine aus Wahlen hervorgegangene Vertretung haben muß. Während es in der Weimarer Verfassung (Art. 17 I 2) hieß: „Die Volksvertretung muß . . . von allen reichsdeutschen Männern und Frauen gewählt werden", ist heute das gleiche Ergebnis dem Art. 28 I 2 GG in Verbindung mit Art. 33 I GG zu entnehmen, wonach jeder Deutsche in jedem Land die gleichen staatsbürgerlichen Rechte und Pflichten hat[6]. Zu diesen staatsbürgerlichen Rechten zählen aber vor allem das aktive und passive Wahlrecht auf allen Ebenen.

1.2.2. Art. 28 I 2 GG und das Prinzip der Egalität

Einmütigkeit besteht auch darüber[7], daß der Grundsatz der Allgemeinheit der Wahl — „das Volk muß eine Vertretung haben, die aus allgemeinen Wahlen hervorgegangen ist" — in Art. 28 I 2 GG dasselbe aussagt wie in Art. 38 I GG.

Wie bereits — im Zusammenhang mit der Erörterung der Bundestagswahlen — an Hand von Art. 38 GG ausgeführt wurde, ist der Grundsatz der allgemeinen und gleichen Wahl am Prinzip demokratischer Egalität zu messen, wie er in Art. 20 GG verankert ist. Danach stellt sich die Frage, ob auf Landesebene der Ausländer im Vergleich zum Inländer unterschiedlich durch die Staatsgewalt betroffen ist, so daß sich aus der unterschiedlichen Betroffenheit auch eine unterschiedliche Behandlung beider Gruppen bezüglich des Wahlrechts rechtfertigen läßt. Stellt man

---

[4] *Leisner* in der Aussprache, VVDStRL 32 (1974), S. 131.
[5] *Henkel*, Integration und Repräsentation, S. 102.
[6] *Maunz* in: MDH, Rdnr. 5, 22 zu Art. 28.
[7] *Ruland*, Wahlrecht für Ausländer?, JuS 1975, S. 12, Fußn. 64.

auf den Gesichtspunkt ab, daß der Ausländer Ausreisefreiheit genießt, so steht dem die Freizügigkeit des Inländers gegenüber, der sich gemäß Art. 11 GG frei im Bundesgebiet bewegen, d. h. das jeweilige Land nach Belieben verlassen kann[8]. Insofern könnte man eine unterschiedliche Betroffenheit der Ausländer verneinen.

Etwas anderes ergibt sich jedoch, wenn man die bundespolitische Tragweite einer Wahl auf Landesebene betrachtet. Da die von den Landesparlamenten gewählten Länderregierungen im Bundesrat bei der Gesetzgebung des Bundes mitwirken, gewinnt die Wahl auf Landesebene wesentliche und außerordentliche Bedeutung für die Bundespolitik. Damit besteht aber wiederum die Situation, daß der Ausländer mit Abgabe seiner Wahlstimme indirekt an bundespolitischen Entscheidungen mitwirken könnte, denen er sich durch Ausreise (ins Ausland) entziehen könnte. Das Argument der unterschiedlichen Betroffenheit kommt hier wieder zum Tragen, so daß unter diesem Aspekt eine differenzierte Behandlung von Ausländern und Inländern geboten erscheint[9].

1.2.3. Art. 28 I 2 GG und das Prinzip der Homogenität

In diesem Zusammenhang muß auch das in Art. 28 GG verankerte Homogenitätsprinzip in seinen Grundsätzen herangezogen und betrachtet werden. Da, wie bereits festgestellt, die von den Landesparlamenten gewählten Landesregierungen über den Bundesrat an der Bundesgesetzgebung mitwirken, ergibt sich die zwingende Notwendigkeit einer im Vergleich der Länder mit dem Bund als auch der Länder untereinander homogenen Wählerstruktur. Politische Entscheidungen und Gesetze, die durch Mitwirkung von Bund und Ländern zustandekommen, bedürfen einer *einheitlichen Legitimationsgrundlage.*

1.3. Ergebnis

Die landesverfassungsrechtlichen Regelungen, die Ausländer vom Wahlrecht ausschließen, stehen somit nicht nur mit dem Grundgesetz in Einklang, sondern werden auch von ihm gefordert. Daraus ergibt sich, daß eine Reform des Landeswahlrechts zugunsten der Ausländer in der gegebenen Situation de lege lata unzulässig ist[10].

Obwohl *Sasse,* wie oben dargelegt, den Volksbegriff des Art. 28 GG gegenüber dem des Art. 20 GG erweitert[11], kommt auch er zu demselben

---

[8] *Ruland,* Wahlrecht für Ausländer?, JuS 1975, S. 12.

[9] *Ruland,* Wahlrecht für Ausländer?, JuS 1975, S. 12.

[10] So auch im Ergebnis: *Isensee,* VVDStRL 32, S. 93 und *Behrend,* Kommunalwahlrecht für Ausländer in der Bundesrepublik, DÖV 1973, S. 377.

[11] *Sasse,* Kommunalwahlrecht für Ausländer?, S. 45.

Ergebnis[12]. Seine Überlegungen gehen dahin, daß die mit der Teilnahme an Bundes- und Landtagswahlen verbundene Ausübung von Staatsgewalt stets den Deutschen vorbehalten bleibe, weil nach Art. 20 II GG „alle Staatsgewalt" unstreitig nur von deutschen Staatsangehörigen ausgehe. Sich nicht entscheidend, ob auch die Landesstaatsgewalt unter diese Vorschrift fällt, sieht Sasse das Verbot der Übertragung des Landeswahlrechts an Ausländer wegen der oben bereits näher skizzierten Mitwirkung der Länder bei der Bundesgesetzgebung als hinreichend begründet an.

Als Gesamtergebnis der vorangegangenen Erörterungen des Art. 28 GG in Verbindung mit Art. 38 GG und Art. 20 GG ergibt sich, daß die gegenwärtige verfassungsrechtliche Rechtslage die Einräumung des Landeswahlrechts an Ausländer verbietet. Die Bestimmungen der Landesverfassungen und Landeswahlgesetze sind Ausfluß der gegenwärtigen verfassungs-grundgesetzlichen Regelung.

2. Die Wahlberechtigung von Ausländern zu den Landtagen de constitutione ferenda

2.1. Art. 79 III GG und seine Bedeutung für die in Art. 28 GG enthaltenen Prinzipien

Eine Teilnahme von Ausländern an der Staatswillensbildung (und damit an den Wahlen zu den Landtagen) läßt sich somit nicht allein durch eine Änderung der verschiedenen Landeswahlgesetze bzw. Landesverfassungen erreichen. Es wäre vielmehr zunächst auch eine Änderung des Grundgesetzes erforderlich[13]. Eine solche Änderung des Grundgesetzes aber dürfte wiederum nicht die durch Art. 79 III GG selbst dem verfassungsändernden Gesetzgeber gezogenen Grenzen überschreiten. Wie bereits im Zusammenhang mit der Gewährung des Wahlrechts zum Deutschen Bundestag ausgeführt wurde, gehört nach der ratio des Art. 79 III GG zu den wichtigsten Unantastbarkeiten der Verfassung die in Art. 20 I GG („demokratischer Bundesstaat")[14] enthaltene *Verfassungsentscheidung für die Demokratie* wie die in Art. 20 II GG enthaltene *Verfassungsentscheidung für die Volkssouveränität* (Satz 1) und die *Ausübung der Staatsgewalt in Wahlen und Abstimmungen* (Satz 2)[15].

---

[12] *Sasse,* Kommunalwahlrecht für Ausländer?, S. 46.

[13] *Henkel,* Integration und Repräsentation, S. 107 und *Ruland,* Wahlrecht für Ausländer?, S. 12.

[14] *v. Mangoldt / Klein,* Das Bonner Grundgesetz, Bd. III, Anm. VII 3 d cc zu Art. 79.

[15] *v. Mangoldt / Klein,* Das Bonner Grundgesetz, Bd. III, Anm. VII 3 d ff. zu Art. 79.

2.1.1. Zur Herleitung der Bundes- und Landesstaatsgewalt

Es soll nunmehr der Versuch unternommen werden, Art. 20 II 1 GG unter dem Gesichtspunkt der Beteiligung von Ausländern an Landtagswahlen zu interpretieren. In Art. 20 II 1 GG heißt es: „Alle Staatsgewalt geht vom Volke aus.“ Damit wird zunächst das Volk als Quelle der Staatsgewalt anerkannt.

Zinn[16] stellt zur Interpretation des Art. 20 II 1 GG diesem die Vorschrift des Art. 1 Abs. 3 der Weimarer Verfassung entgegen, in der es heißt: „Die Staatsgewalt geht vom Volke aus.“ Hatte es ursprünglich — im § 2 Abs. 1 des ersten Entwurfs der Weimarer Verfassung — geheißen: „Alle Staatsgewalt liegt beim deutschen Volke“, so war es der Staatenausschuß, der „alle“ durch „die“ ersetzte und „deutschen“ strich; die Nationalversammlung änderte schließlich die so gewonnene in die endgültig angenommene Fassung. Mit dieser Änderung sollte deutlich gemacht werden, daß nicht alle, sondern nur die vom Reiche ausgeübte Staatsgewalt vom deutschen, d. h. dem „gesamten“ deutschen Volke ausgehe, die Landesstaatsgewalt dagegen von dem einzelnen Landesvolk. Das historisch gewordene Recht der eigenen Landesstaatsgewalt sollte erhalten werden. Hätte man die Fassung des ersten Entwurfes der Weimarer Verfassung beibehalten, so wäre — nach einer Erklärung des Ministers *Dr. Preuß* — damit zum Ausdruck gebracht worden, daß nicht nur die Staatsgewalt im Reich, sondern auch in den Ländern beim „deutschen“ Volk, also der Gesamtnation, liege. Die Landeshoheit wäre danach als eine „abgeleitete“, „von der Gesamtnation delegierte“, erschienen. *Zinn*[17] will unter „Volk“ im Sinne des Art. 20 II 1 GG nur „das deutsche Volk“ verstanden wissen, das sich im Rahmen einer vielfachen staatlichen Gliederung betätigt; danach wäre die Landeshoheit nicht eine von einem Einzelstaatsvolk ausgehende, sondern eine vom Gesamtvolk abgeleitete.

2.1.2. Stellungnahme

Dieser Auffassung von *Zinn* kann nicht zugestimmt werden. Seine Beweisführung, die sich vornehmlich auf die Verwendung der Begriffe Volk, deutsches Volk und Bevölkerung in einigen Artikeln des Grundgesetzes stützt, vermag nicht zu überzeugen; Zinn übersieht nämlich, daß dem Wort „alle“ vor Staatsgewalt in Art. 20 II 1 GG eine andere Bedeutung zukommt als dem gleichen Wort im ersten Entwurf der Weimarer Reichsverfassung[18]. War es — wie oben bereits dargestellt — in der Weimarer Zeit das vornehmliche Ansinnen, mit dem Wort „alle“ im Entwurf

---

[16] *Zinn*, AöR 75 (1949), S. 293.

[17] *Zinn*, AöR 75 (1949), S. 294.

[18] *v. Mangoldt / Klein*, Das Bonner Grundgesetz, Bd. I, Anm. V 4 e zu Art. 20.

der Weimarer Reichsverfassung einerseits die Staatsgewalt nicht nur im Reich, sondern auch in den Ländern als beim „deutschen Volke“, also der Gesamtnationen liegend, andererseits die Landeshoheit als eine „abgeleitete“, „von der Gesamtnation delegierte“, erscheinen zu lassen[19], so wollte der Grundsatzausschuß lediglich besonders die Einheit aller Staatsgewalt betonen, zumal während der Herrschaft des Nationalsozialismus immer wieder behauptet worden war, daß die Gewaltenteilung eine Aufsplitterung der Gesamtstaatsgewalt zur Folge habe. Mit den Worten „alle Staatsgewalt“ sollte also lediglich die Einheitlichkeit der Staatsgewalt in erkennbarer Weise zum Ausdruck gebracht werden[20]. Die Ansicht von *Zinn* übersieht[21], daß unter Demokratie nicht Herleitung der Staatsgewalt von irgendeinem Volk, sondern vom Staatsvolk des konkreten Staates zu verstehen ist.

So ist die Staatsgewalt des einzelnen Bundesvolkes keine abgeleitete Staatsgewalt, die sich etwa aus dem deutschen Bundesvolk oder gar dem gesamten deutschen Volk legitimiert; die Landesstaatsgewalt ist originär; sie leitet sich nur vom Landesvolk ab[22].

2.2. Das Prinzip der Volkssouveränität in Art. 20 II GG und seine Bedeutung für Bund und Länder

Im Hinblick auf Art. 79 III[23] GG ist es von entscheidender Bedeutung, ob sich das Prinzip der Volkssouveränität, wie es im Art. 20 II 1 GG niedergelegt ist, ungeachtet der Tatsache, daß die Unabgeleitetheit der Landesstaatsgewalt und damit der Staatscharakter der Länder bejaht wird, auch auf die Länder erstreckt, mit anderen Worten, ob die Herleitung der Landesstaatsgewalt vom Landesvolk sich direkt aus Art. 20 II 1 GG ergibt, oder ob Art. 20 II 1 GG allein die Staatsgewalt des Bundes betrifft, wohingegen erst der Art. 28 I 1 GG den Gehalt des Art. 20 II 1 GG auch auf die Länder ausdehnt. In diesem Zusammenhang stellt sich mithin die Frage, ob dem in Art. 20 GG niedergelegten Grundsatz der Volkssouveränität lediglich ausschließliche Bedeutung für den Bund zukommt, oder ob er von derart fundamentaler Bedeutung ist, daß er auch unmittelbar für die Länder gilt mit der Folge, daß, soweit Art. 28 GG für die Länder diesen Grundsatz des Art. 20 GG aufgreift bzw. darauf verweist, diesem nunmehr nur noch wiederholender Charakter zukommt[24]. Im Art. 20 II 1 GG heißt es: „Alle Staatsgewalt geht vom

[19] *Zinn*, AöR 75 (1949), S. 293.

[20] *v. Mangoldt / Klein*, Das Bonner Grundgesetz, Bd. I, Anm. V 4 b zu Art. 20.

[21] *Maunz* in: MDH, Rdnr. 48 zu Art. 20 und BVerfGE 8, 104 ff.

[22] *Birkenheier*, Wahlrecht für Ausländer, S. 31.

[23] *Maunz / Dürig* in: MDH, Rdnr. 47 zu Art. 79; *v. Mangoldt*, Das Bonner Grundgesetz, Bd. III, Anm. VII 3 zu Art. 79.

[24] Zu dieser Frage siehe auch *Birkenheier*, Wahlrecht für Ausländer, S. 102.

Volke aus." Zum Teil[25] wird angenommen, daß Art. 20 II 1 GG das Prinzip der Volkssouveränität unmittelbar nur für den Bund statuiert, wohingegen die Staatsgewalt der Länder nicht betroffen würde. Begründet wird dies mit der Stellung des Absatz 2 Satz 1 im Art. 20 GG. Diese Argumentation erscheint nicht einleuchtend. Der zweite Teil des Grundgesetzes trägt die Überschrift: „Der Bund und die Länder." Die darin enthaltenen Bestimmungen stehen nicht in einem inneren oder systematischen Zusammenhang; richten sich die einen nur an die Länder (Art. 28 GG), gelten andere wiederum für den Bund (Art. 24, 26 Abs. II GG), so gehen einige sowohl den Bund als auch die Länder an. Dazu gehört neben Art. 21 I, 25, 26 I, 33, 34, 35 auch Art. 20 III GG. Sind im Art. 20 I GG die Staatsformmerkmale der Bundesrepublik niedergelegt, die die rechtlich wesentlichen Merkmale des Staates darlegen[26], so hat Abs. 3 des Art. 20 GG unzweifelhaft Geltung für Bund und Länder, indem es den Grundsatz der Gewaltenteilung konkretisiert[27]. Nichts spricht dagegen, Art. 20 II 1 GG als eine vom Verfassungsgeber im Sinne einer fundamentalen Norm verstandene Generalbestimmung (Postulat) anzusehen, mit der alle Gewalt abgelehnt wird, die nicht aus der einen Entscheidung des Volkes (im Bund des Bundesvolkes, im Land des Landesvolkes) hervorgegangen ist oder hervorgeht. Mißt man also dem Art. 20 II 1 GG eine gewisse direkte Ausstrahlungswirkung auf Art. 28 GG bei[28], indem man auch die Volkssouveränität in den Ländern als bereits im Art. 20 II 1 GG verankert ansieht, so wird zwar der Wert und die Bedeutung des Art. 28 GG in gewissem Umfange geschmälert[29], indem letzter Bestimmung in diesem Punkte nur mehr wiederholender Charakter attestiert wird, zugleich jedoch einer Lösung das Wort gesprochen, die auch in Zukunft einer erheblichen Erschütterung des Gesamtstaates einen Riegel vorschiebt und vorbeugt.

2.3. Ergebnis

Es läßt sich nunmehr feststellen, daß Art. 20 II 1 GG mithin auch für die Länder gilt und Art. 28 GG, in dem die „Normativbestimmungen" für die verfassungsmäßige Ordnung in den Ländern niedergelegt sind, nur insoweit nach Art. 79 I und II GG änderbar ist, als nicht die in Art. 79 III GG für unabänderbar erklärten Grundsätze des Art. 20 GG (in Verbindung mit Art. 28 I 1 GG) in Rede stehen.

---

[25] *Wernicke*, Bonner Kommentar, Erl. II 2 d zu Art. 20.

[26] Zu den Merkmalen der bestehenden Staatsform siehe *Maunz*, Deutsches Staatsrecht, § 10 II.

[27] Zum Gewaltenteilungsgrundsatz als Prinzip der Verfassung siehe *Hesse*, Grundzüge des Verfassungsrechts der Bundesrepublik Deutschland, § 13.

[28] *v. Mangoldt / Klein*, Das Bonner Grundgesetz, Bd. I, Anm. VIII zu Art. 20.

[29] *Maunz* in: MDH, Rdnr. 48 zu Art. 20.

Da, wie oben ausgeführt, sich die Herleitung der Landesstaatsgewalt vom Landesvolk unmittelbar bereits aus Art. 20 II 1 GG ergibt, kann gefolgert werden, daß das Prinzip der Volkssouveränität (bezogen auf die Länder) zu den in Art. 79 III GG für unabänderbar erklärten Grundsätzen zählt[30].

Da die Landesstaatsgewalt mithin vom Landesvolk ausgehen muß, unter Landesvolk aber die Summe der in einem Lande lebenden Staatsangehörigen zu verstehen ist, bleibt aus diesem Grunde Ausländern auch in Zukunft das Wahlrecht zu den Landtagen verwehrt. Daraus ergibt sich, daß auch über eine Änderung des Grundgesetzes — Art. 28 GG — den Ausländern kein Wahlrecht zu den Landtagen eingeräumt werden kann, da damit gegen Fundamentalnormen der Verfassung verstoßen würde, die über Art. 79 III GG zwingend geschützt sind.

[30] Nach Ansicht *Birkenheiers* partizipieren die Länder über die Garantie ihrer Staatsqualität nach Art. 79 III GG gleichzeitig am Schutz des in Art. 20 II 1 GG festgelegten demokratischen Prinzips; es komme somit nicht darauf an, daß Art. 79 III GG nicht ausdrücklich auf Art. 28 GG Bezug nimmt; *Birkenheier*, Wahlrecht für Ausländer, S. 102.

Dritter Abschnitt

Die Wahlberechtigung von Ausländern auf Gemeindeebene

1. Die Wahlberechtigung von Ausländern auf Gemeindeebene de constitutione lata

1.1. Das geltende Kommunalwahlrecht nach den Landesverfassungen, Gemeindeordnungen und Kommunalwahlgesetzen

Alle Gemeindeordnungen und Kommunalwahlgesetze[1] gehen von der Unterscheidung Bürger/Einwohner aus und gewähren das Wahlrecht nur dem Bürger, der Deutscher i. S. des Art. 116 I GG ist[2]. In einigen Landesverfassungen werden die einschlägigen Wahlgrundsätze — Beschränkung des Wahlrechts auf Deutsche i. S. des Art. 116 GG — für die Kommunalwahlen wiederholt, andere Verfassungen verweisen auf die Grundsätze der Landtagswahl.

1.2. Die Verfassungslage nach dem Grundgesetz

Art. 28 I 2 GG schreibt schließlich auch für die Kommunalvertretungen „allgemeine und gleiche Wahlen“ vor, aus denen die Vertretung des Volkes hervorgegangen sein muß. Wie bereits im Zusammenhang mit der Erörterung des Wahlrechts auf Landesebene ausgeführt wurde, ist der Volksbegriff des Art. 28 GG in engem Zusammenhang mit dem des Art. 20 GG zu sehen, was bedeutet, daß der Volksbegriff des Art. 28 GG ebenfalls nur Deutsche i. S. von Art. 116 GG erfaßt und das Wahlrecht auch zu den Kommunalvertretungen auf Deutsche beschränkt. Eine Teilnahme von Ausländern an Kommunalwahlen läßt sich somit nicht allein durch eine Änderung der verschiedenen Gemeindeordnungen, Kommunalwahlgesetze bzw. Landesverfassungen erreichen. Es wäre

---

[1] §§ 12 I, 14 I BaWüGemO.; Art. 15 II, 17 BayGemO.; Art. 1 I, 5 I BayGemWahlG.; §§ 29, 30 I a, 32 I HessGemO.; §§ 21, II, 34 I, 35 I Nr. 3 NdsGemO.; §§ 6 II, 29 NRWGemO.; §§ 16, 18 RhPfGemO.; §§ 1, 5 RhPfKommWahlG.; §§ 18 II, 24 I, 32 I SaarlKSVG (Teil A = Saar/GemO); §§ 12 I, 16 I SaarlKommWahlG.; § 6 II SchlHGemO.; §§ 3, 7 SchlHKommWahlG.

[2] *Gönnenwein*, Gemeinderecht, S. 70, 72.

vielmehr zunächst auch eine Änderung des Grundgesetzes (Art. 28 GG) erforderlich.

2. Die Wahlberechtigung von Ausländern auf Gemeindeebene de constitutione ferenda

2.1. Problemstellung

Eine Verfassungsänderung dürfte nicht die durch Art. 79 III GG dem verfassungsändernden Gesetzgeber gezogenen Grenzen überschreiten[3]. Zu den wichtigsten — gemäß Art. 79 III GG jeder substantiellen Änderung entzogenen — Unantastbarkeiten der Verfassung gehört die in Art. 20 II GG enthaltene Verfassungsentscheidung für das Prinzip der Volkssouveränität[4]. Das Volk im Sinne des Art. 20 GG ist zur Kennzeichnung der Legitimationsquelle aller Staatsgewalt verwendet und umfaßt in diesem Zusammenhang lediglich das Staatsvolk im Sinne der Gesamtheit aller Staatsangehörigen[5]. Im Rahmen der Untersuchung des Ausländerwahlrechts auf der Ebene des Bundes und der Länder ergab sich, daß durch die in Art. 20 GG enthaltene Regelung: „Alle Staatsgewalt geht vom Volke aus", Ausländer vom Wahlrecht zu diesen Körperschaften ausgeschlossen sind.

Ziel der folgenden Ausführungen soll es sein zu ermitteln, ob dieser in Art. 20 II GG für Bund und Länder konstitutiv niedergelegte Grundsatz auch für Wahlen zu den gemeindlichen Vertretungsorganen gilt. Wäre dies der Fall, könnte Ausländern auch im Wege der Verfassungsänderung — ähnlich wie auf Bundes- und Landesebene — auf kommunaler Ebene kein Wahlrecht gewährt werden.

Daher erhebt sich die Frage, ob ein Kommunalwähler mit seiner Stimmabgabe bei Kommunalwahlen rechtsverbindlich bei der Staatswillensbildung mitwirkt und — unmittelbar und verbindlich — bestimmenden Einfluß auf die Ausübung der Staatsgewalt nimmt.

Eine Antwort darauf kann nur gefunden werden, indem die Verfassungsposition der Gemeinde unter dem Grundgesetz — die Gemeinde der Gegenwart von ihrer Funktion innerhalb von Staat und Gesellschaft her — bestimmt sowie Bestand, Funktion und Legitimation der Gemeindeverwaltung insbesondere unter dem Aspekt der kommunalen Selbstverwaltung herausgestellt werden[6].

---

[3] *Dürig*, Festgabe für Maunz, S. 43.

[4] *v. Mangoldt / Klein*, Das Bonner Grundgesetz, Bd. I, Anm. VIII zu Art. 20.

[5] Siehe dazu *Wernicke*, Bonner Kommentar, Erl. II 2 b zu Art. 20.

[6] *Scheuner*, Zur Neubestimmung der kommunalen Selbstverwaltung, AfK 1973, S. 35.

2.2. Die Verfassungsposition der Gemeinde unter dem Grundgesetz

Nach 1945 mußte der Verfassungsgeber die Position der Gemeinde im demokratischen System erneut bestimmen. Art. 28 GG mit seinen kommunalrechtlichen Verfassungsbestimmungen wurde in den Abschnitt „Der Bund und die Länder“ hineingestellt; im Gegensatz zur Weimarer Reichsverfassung enthält der Grundrechtsteil keine Selbstverwaltungsgarantie[7]. Das Recht der Selbstverwaltung[8] ist kein Grundrecht i. S. eines subjektiven öffentlichen Rechts der Gemeinden, sondern als institutionelle Garantie normiert[9].

Stand der Verfassungsgeber vor der Entscheidung, sich entweder um eine substanzsichernde Anreicherung der demokratischen und gesellschaftspolitischen Legitimation der Gemeinde zu bemühen oder aber dem zentralistisch-verwaltungsstaatlichen Zug des Weimarer Vorbildes zu folgen und die Selbstverwaltung auch verfassungsgesetzlich zum vollkommen konzentrierten Verwaltungsinstitut umzuformen, so entschied er sich — wie Art. 28 GG erweist — zugunsten der zuerst genannten Lösung[10]. Damit hat die Gemeinde das „prinzipiell gesellschaftliche Mandat eines politischen Formprinzips behalten“[11], ohne jedoch von strukturellen Gegensätzen zur Staatsorganisation bestimmt zu werden. Grundlage der demokratischen Ordnung der Gemeinde ist die Forderung ihrer Homogenität mit dem Gesamtstaat, wie dies auch die Homogenitätsbestimmung des Art. 28 I 2 und 3 GG vorsieht.

2.2.1. Gemeinde und Selbstverwaltung

2.2.1.1. Begriff und Wesen der Gemeinde

Zum besseren Verständnis der kommunalen Selbstverwaltung[12] ist es erforderlich, sich den Begriff der Gemeinde[13] zu verdeutlichen. Die Ge-

[7] *Gönnenwein*, Gemeinderecht, S. 27.

[8] Zum Recht auf Selbstverwaltung siehe *Scholler / Broß*, Grundzüge des Kommunalrechts in der Bundesrepublik Deutschland, § 2, S. 10 ff.

[9] Zur Frage der rechtlichen Qualifizierung der Selbstverwaltungsgarantie siehe insbesondere *Hoppe / Rengeling*, Rechtsschutz bei der kommunalen Gebietsreform, § 8, S. 64 ff.; zur Problematik der „institutionellen Verfassungsgarantien“ siehe *Seibert*, Die Gewährleistung gemeindlicher Selbstverwaltung durch das Grundgesetz, S. 99; siehe dazu auch *Weber*, Selbstverwaltungskörperschaften in der Rechtsprechung des Bundesverfassungsgerichts, in: Bundesverfassungsgericht und Grundgesetz, 2. Band (1976), S. 331.

[10] *Scholz*, Das Wesen und die Entwicklung der gemeindlichen öffentlichen Einrichtungen, S. 44.

[11] Vgl. dazu *Köttgen*, Die Gemeinde als Gegenstand wissenschaftlicher Forschung, AfK 1962, S. 19 und *Thieme*, Bund, Länder und Gemeinden, AfK 1963, S. 189 ff.

[12] Zur Selbstverwaltung im demokratischen Staat siehe *Klein*, Demokratie und Selbstverwaltung, S. 174 ff.

meinde ist eine öffentlich-rechtliche Körperschaft. Darunter versteht man eine mitgliedschaftlich organisierte juristische Person des öffentlichen Rechts[14]. Sie ist eine Gebietskörperschaft[15], die auf ihrem Gemeindegebiet hoheitliche Gewalt ausübt[16]. Scheuner sieht das Wesentliche der Gemeindeverwaltung in der Verkörperung eines örtlichen Lebenskreises und in dessen besonderen Aufgaben; die Gemeinde faßt die Erledigung dieser öffentlichen Aufgaben zusammen, um sie nicht als Teil einer zentral geleiteten Staatsverwaltung, sondern in eigener, von unten herauf legitimierter Entscheidung zu bewältigen[17].

Die Usurpation gemeindlicher Aufgabenbereiche durch den Staat hat sich als sehr unklug erwiesen, da eine leistungsfähige Ortsverwaltung lebensnotwendig für den modernen Menschen ist[18].

2.2.1.2. Das Recht der gemeindlichen Selbstverwaltung

Sinn und Ziel der Selbstverwaltung ist es, die in dem betreffenden Staatswesen lebendigen Kräfte des Gesamtvolkes und der ihm angehörenden Einzelmenschen in Bewegung zu setzen, ihr Interesse an der öffentlichen Arbeit zu verwerten, erforderlichenfalls auch zu wecken und zu erhalten[19]. Die Selbstverwaltung, die ein ethisches und politisches Prinzip verwirklicht[20], fordert das Verantwortungsbewußtsein für die Gemeinschaft und erzieht so zu Staatsgesinnung[21]. Durch die Selbstverwaltung werden dem Staat wesentliche Kräfte zugeführt[22].

Im folgenden soll der rechtliche Begriff der Selbstverwaltung nach Wesen, Inhalt und Umfang dargestellt werden.

Die Unterscheidung zwischen „staatsbürgerlicher" und „rechtsfähiger" Selbstverwaltung durch *Gneist, Rosin* und anderen seit der zweiten Hälfte des 19. Jahrhunderts hat zwar Rechtstheorie und Praxis beeinflußt, den Rechtsbegriff der Selbstverwaltung aber nicht wesentlich zu klären vermocht[23].

---

[13] Zu Wesen, Rechtsnatur und Rechtsstellung der Gemeinden *Pagenkopf*, Einführung in die Komunalwissenschaft, S. 86 ff.

[14] *Klüber*, Das Gemeinderecht in den Ländern der Bundesrepublik Deutschland, S. 11.

[15] Zur Gebietskörperschaft als rechtsfähiger Körperschaft des öffentlichen Rechts siehe insbesondere die Ausführungen von *Hoppe*, Die Begriffe Gebietskörperschaft und Gemeindeverband und der Rechtscharakter der nordrhein-westfälischen Landschaftsverbände, § 3, S. 8 ff.

[16] *Stahl*, Das gemeindliche Selbstverwaltungsrecht, S. 7.

[17] *Scheuner*, Gemeindeverfassung und kommunale Aufgabenstellung in der Gegenwart, AfK 1962, S. 158.

[18] *Köttgen*, Sicherung der gemeindlichen Selbstverwaltung, S. 3.

[19] *Küchenhoff*, Staatsrecht, Allgemeiner Teil, S. 79.

[20] *Peters*, Lehrbuch der Verwaltung, S. 290.

[21] *Stahl*, Das gemeindliche Selbstverwaltungsrecht, S. 10.

[22] *Forsthoff*, Die Krise der Gemeindeverwaltung im heutigen Staat, S. 70.

Die Selbstverwaltung im *politischen* Sinne (auch staatsbürgerliche, ehrenamtliche oder unechte Selbstverwaltung genannt) ist aus der englischen Lokalverwaltung entwickelt und als ehrenamtliche Mitwirkung von Laien an der Staatsverwaltung verstanden worden[24].

Als „obrigkeitliche Selbstverwaltung" bezeichnet, wurde sie mit Ausschüssen in Verbindung gebracht, die an der öffentlichen Verwaltung des Staates beratend oder beschließend beteiligt sind. Derartige, auch heute noch bestehende Ausschüsse bedürfen jedoch nicht einer solchen Kennzeichnung staatsbürgerlicher Selbstverwaltung, da sie ebenso im demokratischen Prinzip aufgegangen sind wie die Vertretung des Volkes in den Gemeinden und Kreisen nach Art. 28 I 2 GG[25].

Die Selbstverwaltung im *Rechtssinne*[26] (auch juristische, rechtsfähige, körperschaftliche oder echte Selbstverwaltung genannt)[27] verlangt die Existenz vom Staat getrennter Rechtspersönlichkeiten, die ein subjektives Recht auf Ausübung hoheitlicher Verwaltung besitzen[28].

Vom Staat getrennte, jedoch dem Staat eingeordnete[29] öffentlich-rechtliche Körperschaften erfüllen bestimmte Aufgaben in selbständiger Willensbildung und unter eigener Verantwortung[30]. Selbstverwaltung ist auch als der rechtliche Ausdruck für die Mündigkeit eines öffentlichen Gemeinwesens bezeichnet worden[31]. Selbstverwaltung im Rechtssinne wie im politischen Sinne sind notwendige Bestandteile der gemeindlichen Selbstverwaltung.

Die kommunale Selbstverwaltung kann daher definiert werden als die eigenverantwortliche Verwaltung örtlicher Gemeinschaftsaufgaben des Gemeindegebietes durch die Gemeinden als Körperschaften des öffentlichen Rechts[32]. *Becker*[33] erhält seinen Rechtsbegriff der Selbstver-

---

[23] *Peters*, Lehrbuch der Verwaltung, S. 286 und *Peters*, Grenzen der kommunalen Selbstverwaltung in Preußen, S. 6 f.

[24] Siehe dazu insbesondere: *Wolff / Bachof*, Verwaltungsrecht, §§ 9 I d, 80 IV b und 84 IV a.

[25] Siehe dazu auch: *Stahl*, Das gemeindliche Selbstverwaltungsrecht, S. 11 f. und *Becker*, Kommunale Selbstverwaltung, S. 695.

[26] Zur Selbstverwaltung im Rechtssinne siehe *Wolff / Bachof*, Verwaltungsrecht, § 84 IV b.

[27] *Helmreich / Widtmann*, Bayerische Gemeindeordnung, Art. 1 Anm. 3; *Merk*, Deutsches Verwaltungsrecht, S. 604; *Krämer*, Die bürgerschaftliche Selbstverwaltung, S. 41.

[28] So *Stahl*, Das gemeindliche Selbstverwaltungsrecht, S. 12, unter Bezugnahme auf *Nawiasky*.

[29] *Elleringmann*, Begriff und Wesen der körperschaftlichen Selbstverwaltung, S. 12.

[30] *Kollmann*, Zur Frage der Staatsaufsicht über Körperschaften des öffentlichen Rechts, in: BayVBl. 1957, S. 106.

[31] *Blodig*, Die Selbstverwaltung als Rechtsbegriff, S. 14.

[32] *Peters*, Lehrbuch der Verwaltung, S. 287.

[33] *Becker*, Kommunale Selbstverwaltung, S. 696.

waltung, indem er die Merkmale des formalen und materialen Selbstverwaltungsbegriffes zusammenfaßt: Versteht er unter Selbstverwaltung im formalen Sinne „die Führung öffentlicher Verwaltung durch vom Staat verschiedene juristische Personen des öffentlichen Rechts", unter Selbstverwaltung im materialen Sinne schließlich die Regelung „aller Angelegenheiten der örtlichen Gemeinschaft im Rahmen der Gesetze in eigener Verantwortung" (Art. 28 II 1 GG), so erhält er folgenden Rechtsbegriff: „Selbstverwaltung ist die eigenverantwortliche[34] Erfüllung gemeinschaftlicher öffentlicher Aufgaben im eigenen Namen durch rechtsfähige öffentliche Verbände, die dem Staat eingegliedert sind, mit eigenen gewählten Organen unter der Aufsicht des Staates." Bei der Selbstverwaltung der Gebietskörperschaften (Gemeinwesen) treten die Allseitigkeit des Wirkungskreises und die Gebietshoheit hinzu, die bei den sonstigen Körperschaften des öffentlichen Rechts fehlen.

2.2.1.3. Die Selbstverwaltung im politischen und rechtlichen Denken der Gegenwart

Das Institut der Selbstverwaltung[35] war nach der Stabilisierung der demokratischen Republik[36] in Deutschland Anfeindungen ausgesetzt.

Einst wurde das demokratische Prinzip der gemeindlichen Selbstverwaltung als Gegenstück der landesherrlichen Staatsverwaltung gesehen[37]. Waren die Gemeinden in der Zeit des monarchischen Obrigkeitsstaates die einzigen demokratischen Lebenszellen, lag ihr Eigenwert für das liberale Besitzbürgertum des 19. Jahrhunderts in dieser Integration der Demokratie, so schien, als der Staat selbst eine demokratische Republik geworden war, die Selbstverwaltung ihres ursprünglichen Sinnes beraubt[38]. Die Demokratie wurde als Ganzes gesehen, das Mitentscheidungsrecht des Bürgers in der Gemeinde wurde als etwas bedeutungslos Gewordenes betrachtet, nachdem ihm die Teilnahme am Willensbildungsprozeß des Staates gewährt worden war. Eine Unterscheidung von Staats- und Selbstverwaltung schien so nur im Obrigkeitsstaat einen Eigenwert zu haben[39]. Die Selbstverwaltungsinstitution sei

---

[34] Zum Merkmal der Eigenverantwortlichkeit siehe *Wolff / Bachof*, Verwaltungsrecht, § 84 IV b 2.

[35] Zur geschichtlichen Entwicklung der Selbstverwaltung siehe *Geidel*, Die gemeindliche Selbstverwaltung, S. 18 ff.; *v. Unruh*, Der Landrat, S. 41 ff.; *v. Unruh*, Der Kreis, S. 199 ff.; *Mühling*, Die Geschichte der deutschen Selbstverwaltung, S. 10 ff.

[36] *Gönnenwein*, Gemeinderecht, S. 60; *Gönnenwein* stellt der Zeit des „monarchischen Obrigkeitsstaates" die Zeit gegenüber, als der Staat selbst eine „demokratische Republik" geworden war.

[37] *Becker*, Kommunale Selbstverwaltung, S. 686.

[38] *Gönnenwein*, Gemeinderecht, S. 60.

[39] *Schmitt*, Verfassungslehre, S. 272.

zu einer „Art von Mythos“ geworden[40]. Nur auf der Grundlage eines besitzbürgerlichen Gemeinsinnes in den kleinen und mittleren Städten — beim Aufstieg des liberalen Bürgertums im 19. Jahrhundert — habe sie zur Blüte kommen können. Zu diesem Zeitpunkt habe man noch von einem „Idealbild der kommunalen Selbstverwaltung“ reden können[41].

Eine ganze Anzahl von Schriftstellern sieht in der kommunalen Selbstverwaltung nur noch eine *mittelbare Staatsverwaltung*. Eine wichtige Rechtfertigung dafür, auf eine Unterscheidung oder gar gegensätzliche Heraushebung von Staats- und Selbstverwaltungsaufgaben verzichten zu können, wird in der Verlagerung des Schwergewichts der gemeindlichen Aufgaben innerhalb des Gesamttätigkeitsbereiches der Gemeinden seit dem 1. Weltkrieg auf die Auftragsangelegenheiten gesehen. Als weiterer Beweis für die Hinfälligkeit der Eigenständigkeit der kommunalen Selbstverwaltung wird die Tatsache gewertet, daß zahlreiche eigene Aufgaben der Gemeinden materiell und verfahrensrechtlich durch Gesetze des Bundes und der Länder geregelt sind und damit die Selbstverwaltung weithin eine gesetzesgebundene Verwaltung geworden ist[42].

2.2.2. Mittelbare Staatsverwaltung — Auftragsverwaltung

2.2.2.1. Mittelbare Staatsverwaltung

Der Begriff der mittelbaren Staatsverwaltung ist nicht neu. Verfolgt man historisch die Entstehung des Begriffes, so trifft man zunächst auf den verwandten Begriff des mittelbaren Staatsbeamten, der die Bezeichnung „mittelbare Staatsverwaltung“ sehr begünstigt hat. Zurückzuführen ist der Begriff auf das Preußische Allgemeine Landrecht von 1794, das in § 68 II 10 alle Beamte, die nicht zum Militärstand gehörten, unter der Bezeichnung „Civilbediente“ zusammenfaßte und von den Beamten aussagte, sie „stehen entweder im unmittelbaren Dienst des Staates oder gewisser, demselben untergeordneter Collegien, Corporationen und Gemeinen“[43]. Für die weitere Entwicklung des Begriffes der mittelbaren Staatsverwaltung bildete den Ausgangspunkt der den Gemeinden vom Staat übertragene Wirkungskreis. Es bestand eine gewisse Neigung, die in der staatlichen Verwaltung mitwirkende Gemeindeverwaltung als mittelbare Staatsverwaltung zu bezeichnen. Die Vorstellung von einer mittelbaren Staatsverwaltung wurde noch dadurch begünstigt, daß im Reichsbeamtengesetz vom 26. 1. 1937 die Unterschei-

---

[40] *Weber*, Gegenwartsprobleme der Verwaltungsordnung, DÖV 1951, 512.

[41] *Gönnenwein*, Gemeinderecht, S. 61.

[42] Zum Umfang der kommunalen Selbstverwaltung siehe *Kuntzmann-Auert*, Rechtsstaat und kommunale Selbstverwaltung, S. 20 ff.

[43] *Lenhard*, Öffentlich-rechtliche Beziehungen zwischen Trägern mittelbarer Staatsverwaltung, S. 4.

dung von unmittelbaren und mittelbaren Staatsbeamten wieder aufgenommen wurde. Die Erklärung aller Gemeindebeamten zu mittelbaren Reichsbeamten entsprach der Rechtslage der deutschen Gemeinde in der zentralistischen Diktatur[44]. Der Begriff der mittelbaren Staatsverwaltung kann in einem *doppelten* Sinne interpretiert werden.

Im sogenannten organisatorischen Sinne bringt er zum Ausdruck, daß „staatliche Organe und Behörden nicht selbst und unmittelbar tätig werden, der Staat sich vielmehr zur Erfüllung öffentlicher Aufgaben der Hilfe anderer Rechtssubjekte bedient, indem er ihnen diese Aufgaben überträgt oder überläßt“[45]. Einem solchen Organisationsprinzip im Verwaltungsaufbau liegt das Bestreben zugrunde, die Verwaltung zu dezentralisieren. Einen ganz anderen Sinngehalt erhält der Begriff der mittelbaren Staatsverwaltung, wenn man durch ihn die Tätigkeit selbständiger Verbände bei der Durchführung von Auftragsangelegenheiten erfassen will.

Während einerseits das Wort „mittelbar“ — wie oben dargelegt — lediglich als Ausführung öffentlicher Aufgaben durch rechtlich selbständige Verbände zu verstehen ist, bedeutet andererseits „Staatsverwaltung“ die Wahrung staatlicher, d. h. weisungsunterworfener Aufgaben. Mittelbare Staatsverwaltung ist somit als Ausführung öffentlicher Aufgaben durch selbständige Verbände nach den Grundsätzen unmittelbar gelenkter Staatsverwaltung zu verstehen, was gleichbedeutend mit Auftragsverwaltung ist[46]. Der Begriff der mittelbaren Staatsverwaltung im letztgenannten Sinne begegnet in der Lehre keinen Bedenken; auf große Skepsis und bisweilen starke Ablehnung stößt jedoch die begriffliche Erfassung der Selbstverwaltung als mittelbare Staatsverwaltung. *Rudolf Gneist* hatte die kommunale Selbstverwaltung einst als einheitliches Ganzes ohne Unterscheidung des übertragenen und eigenen Wirkungskreises zur mittelbaren Staatsverwaltung gerechnet.

Forsthoff[47] setzt den Begriff der Selbstverwaltung dem der mittelbaren Staatsverwaltung gleich und faßt hierunter alle Verwaltungstätigkeit rechtsfähiger Körperschaften, Anstalten und Stiftungen des öffentlichen Rechts ohne Rücksicht darauf, ob diese eigenverantwortlich handeln können. Unter Selbstverwaltung versteht er die Wahrnehmung an sich staatlicher Aufgaben durch rechtsfähige Verwaltungsträger einschließlich der Anstalten und Stiftungen des öffentlichen Rechts, also ohne Beschränkung auf körperschaftlich strukturierte Träger[48]. Für

---

[44] *Gönnenwein*, Gemeinderecht, S. 62.

[45] *Bachof*, Teilrechtsfähige Verbände des öffentlichen Rechts, AöR 83 (1958), S. 231.

[46] *Dehmel*, Übertragener Wirkungskreis, S. 61.

[47] *Forsthoff*, Lehrbuch des Verwaltungsrechts, Band I, S. 478.

[48] *Forsthoff*, Lehrbuch des Verwaltungsrechts, Band I, S. 477/78.

Forsthoff sind staatliche Aufgaben nicht nur die den Selbstverwaltungskörpern zur Erfüllung nach staatlicher Weisung übertragenen Angelegenheiten, sondern auch der ihnen von Hause aus zustehende eigene Wirkungskreis[49]. Mit der Einordnung in die mittelbare Staatsverwaltung sei der Gemeindeverwaltung der richtige Standort zugewiesen. Unergiebig ist für ihn die Frage, ob die Gemeinden eine ursprünglich eigene oder eine vom Staat übertragene Hoheitsgewalt ausüben; eine vom Staat in der Wurzel unabhängige Eigenständigkeit der Gemeinde ließe sich nur anhand des Nachweises belegen, daß zwischen den Funktionen der Gemeinde und des Staates ein qualitativer Unterschied besteht. *Forsthoff* sieht jedoch in diesem Sinne keine Gemeindeaufgaben, die nicht auch Staatsaufgaben sein können und umgekehrt. Andererseits sieht er die Gemeinden in den Funktionszusammenhang der gesamten öffentlichen Verwaltung einbezogen, deren Einheitlichkeit der Staat zu prästieren hat[50]. Mit der Einbeziehung der kommunalen Selbstverwaltung mit ihrem ganzen eigenen Wirkungskreis in eine mittelbare Staatsverwaltung wollte Forsthoff wohl der durch das Grundgesetz und die Landesverfassungen geschaffenen Rechtslage Rechnung tragen. Offenbar war es Forsthoffs Absicht, nur eine Unterschiedlichkeit von Staats- und Selbstverwaltung nach Rechtsnatur und Funktion in der ganzen Verwaltung zu leugnen, auf der anderen Seite aber die sich in der Staatsaufsicht äußernde Abhängigkeit zu unterstreichen. Vertreter dieser Lehre erklären somit die Selbstverwaltungsaufgaben zu Staatsaufgaben, auf deren Wahrnehmung der Staat verzichtet[51]. Nach ihr ist Selbstverwaltung die Wahrnehmung (an sich) staatlicher Aufgaben durch einen selbständigen, d. h. rechtsfähigen Träger des öffentlichen Rechts.

Arnold Köttgen[52] unterstreicht — insoweit ist er in seinen Formulierungen zurückhaltender als *Forsthoff* —, Art. 28 GG sanktioniere die Verwaltung der einst dem Vereinswesen benachbarten Gemeinde in eine „qualifizierte Sparte mittelbarer Staatsverwaltung". Bund, Länder und Gemeinden erscheinen als Teil eines gegliederten Ganzen. Während die Reichsverfassungen von 1848 und 1919 das Gemeindewesen dem gesellschaftlichen Leitbilde bürgerlicher Freiheit unterstellt hatten, habe das Grundgesetz die Gemeinde aus diesen grundrechtlichen Zusammenhängen gelöst. Die Eigenverantwortlichkeit der Gemeinden sei nicht eine „kollektive Variante freier Persönlichkeitsentfaltung". An die Stelle grundrechtlicher Separierung zwischen Staat und Gemeinde sei eine institutionelle Synthese getreten, ohne daß damit allerdings fortschreitender Mediatisierung der Gemeindeverwaltung Tür und Tor geöffnet

49 *Forsthoff*, Lehrbuch des Verwaltungsrechts, Band I, S. 479, Fußn. 1.

50 *Forsthoff*, Lehrbuch des Verwaltungsrechts, Bd. I, S. 524.

51 *Rietdorf*, Zum staatsrechtlichen Lehrbegriff der „mittelbaren Staatsverwaltung", S. 671.

52 *Köttgen*, Die Gemeinde und der Bundesgesetzgeber, S. 15.

werden sollte[53]. *Linckelmann* lehnt den Begriff der mittelbaren Staatsverwaltung hinsichtlich sämtlicher Aufgaben der mit Selbstverwaltungsrechten ausgestatteten Verwaltungsträger ab. Er beschränkt den Begriff der mittelbaren Staatsverwaltung auf die Anstalten und Stiftungen des öffentlichen Rechts und sieht den Begriff der mittelbaren Staatsverwaltung in der konkreten Anwendung auf Selbstverwaltungskörperschaften als mit dem Rechtsstaatsprinzip des Grundgesetzes unvereinbar an[54]. Um den eigenen Standpunkt zum Begriff der mittelbaren Staatsverwaltung darlegen zu können, ist es erforderlich, das Verhältnis des Staates zu den innerstaatlichen Verbänden zu beschreiben; denn wer dem Staat das Monopol auf alle öffentlichen Aufgaben einräumt, kann keinen Teil der öffentlichen Verwaltung von der Staatsverwaltung ausnehmen. Anders wäre es, wenn man zwischen den von der Gemeinde vorgenommenen Tätigkeiten differenzieren könnte.

2.2.2.2. Der Begriff der mittelbaren Staatsverwaltung

Zunächst sollen noch einmal kurz die wesentlichen — sowohl negativen wie positiven — Kriterien des Begriffes herausgestellt werden. Festzuhalten ist, daß eine Gleichsetzung mit allen juristischen Personen des öffentlichen Rechts nicht möglich ist[55]. Setzt man voraus, daß dem Staat nicht das Monopol auf alle öffentlichen Angelegenheiten eingeräumt wird, so folgt daraus als wesentliches Kriterium die Wahrnehmung staatlicher Aufgaben. Diese Staatsaufgaben müssen durch selbständige, nichtstaatliche Verwaltungsträger vollzogen werden. Wo anstelle des Staates und seiner Behörden — handeln diese selbst, so besteht kein Anlaß, von mittelbarer staatlicher Verwaltung zu sprechen — andere Personen am Rechts- und Verwaltungsleben teilnehmen, kann eine mittelbare staatliche Verwaltung angenommen werden[56]. Da mittelbare Staatsverwaltung mehr als ein bloßes Auftragsverhältnis zwischen dem Staat und einem Dritten ist, muß der Vollzug von Staatsaufgaben durch selbständige Verwaltungsträger in der Form und mit den Mitteln staatlicher Verwaltung gewährleistet sein. Derartige Verwaltungsträger unterliegen staatlichem Einfluß und sind staatlicher Aufsicht unterworfen. In der Regel erstreckt sich die Aufsicht auf eine Kontrolle der Recht- und Zweckmäßigkeit des Handelns[57].

---

[53] *Köttgen*, Die Gemeinde und der Bundesgesetzgeber, S. 15.

[54] *Linckelmann*, Zum staatsrechtlichen Lehrbegriff der „mittelbaren Staatsverwaltung", DÖV 1959, S. 568.

[55] *Lenhard*, Öffentliche Beziehungen zwischen Trägern mittelbarer Staatsverwaltung, S. 27.

[56] Zum Begriff der mittelbaren Staatsverwaltung siehe *Forsthoff*, Lehrbuch des Verwaltungsrechts, Bd. I, S. 477, 478.

[57] *Lenhard*, Öffentliche Beziehungen zwischen Trägern mittelbarer Staatsverwaltung, S. 28.

2.2.2.3. Das Verhältnis zur Auftragsverwaltung

Differenziert man bei dem Kreis der gemeindlichen Aufgaben zwischen (gemeindlichen) Selbstverwaltungs- und Auftragsangelegenheiten[58], so zeigt sich, daß es gerechtfertigt ist, als mittelbare Staatsverwaltung — definiert als Wahrnehmung staatlicher Aufgaben durch selbständige, aber dem Staat eingegliederte juristische Personen des öffentlichen Rechts[59] — die Erfüllung von staatlichen Auftragsangelegenheiten zu bezeichnen. Zwar ist die klare Trennung von Selbstverwaltungs- und Auftragsangelegenheiten in jüngster Zeit von den meisten Bundesländern aufgelockert worden[60], zwar wurde auch die Art der Ausführung der Auftragsangelegenheiten insbesondere durch eine Beschränkung des staatlichen Weisungsrechts erheblich modifiziert[61], der wesensmäßige Unterschied zwischen eigenen und staatlichen Aufgaben bleibt jedoch bestehen. Gegenstand der Auftragsverwaltung sind Aufgaben, die in der staatlichen Sphäre wurzeln, Auftragsverwaltung ist nicht Eigenverwaltung der Gemeinden, sondern immer noch Fremdverwaltung, nämlich Staatsverwaltung[62]. Aus der Staatsverwaltung werden mithin die Selbstverwaltungsangelegenheiten ausgeklammert, unter mittelbarer Staatsverwaltung die Wahrnehmung übertragener Staatsaufgaben administrativer Art durch staatsabhängige öffentlich-rechtliche Anstalten und Stiftungen oder durch Körperschaften des öffentlichen Rechts, soweit sie Träger staatlicher Auftragsverwaltung sind, verstanden. Für die mittelbare Staatsverwaltung ergibt sich daraus, daß ihr die Gemeinden nicht vorbehaltlos zuzurechnen sind, sie können nicht mit staatsabhängigen Körperschaften, Anstalten und Stiftungen gleichgestellt werden. Gemeinden sind lediglich insoweit Träger mittelbarer Staatsverwaltung, soweit sie übertragene Staatsaufgaben wahrnehmen[63]. Selbst wenn man den Auftragsangelegenheiten die Aufgaben, die vom Staat zur weisungsfreien Ausübung den Gemeinden überlassen werden, zurechnet, bleibt der Bereich der örtlichen Angelegenheiten, in dem die Gemeinde nicht Staatsverwaltung, sondern Gemeindeverwaltung ausübt. Die Lehre von der mittelbaren Staatsverwaltung[64], die da-

---

[58] Zu den Auftragsangelegenheiten siehe insbesondere auch *Zuhorn / Hoppe*, Gemeinde-Verfassung, S. 79 und 84; sowie *Eissing*, Gemeinschaftsaufgaben von Staat und Gemeinden, S. 59 ff.; *Bertram*, Staatspolitik und Kommunalpolitik, S. 51 ff.; *Knemeyer*, Bayerisches Kommunalrecht, S. 84 ff.

[59] *Lenhard*, Öffentliche Beziehungen zwischen Trägern mittelbarer Staatsverwaltung, S. 29.

[60] *Wolff / Bachof*, Verwaltungsrecht, § 86 X a.

[61] *Gönnenwein*, Gemeinderecht, S. 103.

[62] *Lenhard*, Öffentliche Beziehungen zwischen Trägern mittelbarer Staatsverwaltung, S. 34 und 36.

[63] *Dehmel*, Übertragener Wirkungskreis, S. 65; *Lenhard*, Öffentliche Beziehungen zwischen Trägern mittelbarer Staatsverwaltung, S. 53.

[64] *Lenhard*, Öffentliche Beziehungen zwischen Trägern mittelbarer Staatsverwaltung, S. 15.

von ausgeht, daß es nur Staatsaufgaben gibt, ist abzulehnen. Sie geht an der historischen Tatsache des Gewachsenseins der kommunalen Selbstverwaltung vorbei[65]. Die Selbstverwaltung hat im Gesamtaufbau des Staates einen wichtigen und verfassungsrechtlich garantierten Platz, wurde sie doch kraft positiven Verfassungsrechts mit Art. 28 II GG in den Staatsaufbau der Bundesrepublik übernommen. Sieht man auch die Bedeutung der Selbstverwaltung zu einem Teil in der Konstituierung dezentraler Zentren der Initiative und Entscheidung und in der Indienstnahme örtlich-regionaler Kräfte, so rechtfertigt dies in keiner Weise die Kennzeichnung der Gemeinde als „mittelbare Staatsverwaltung“[66]. *Scheuner* sieht in der Gemeinde wohl zu Recht einen selbständigen Verwaltungskörper, der — zwar in die politische Gesamtkonzeption der Verwaltung eingegliedert — dennoch durch seine Autonomie und seine Fundierung auf eine eigene politische Legitimierung eine gesonderte Stellung gegenüber der hierarchisch aufgebauten Staatsorganisation besitzt[67]. Verstärkt wird die Stellung der Gemeinde durch die selbständige politische Grundlage, die die kommunale Verwaltung in der Wahl durch die Gemeindebürger erhält. Dabei handelt es sich um eine echte politische Konsensbildung, da alle Bürger der Gemeinde, die Bewohner des Gemeindegebietes sind, zur Entscheidung über politische Fragen der Verwaltungsführung herangezogen werden. *Köttgen* hat die zweifache Aufgabenstellung der Gemeinden als staatliche Verwaltungsbehörde und als Selbstverwaltungskörperschaft treffend mit dem Wort „Doppelaspekt“ gekennzeichnet. So kommt zwar der staatlich-administrativen Komponente der Gemeinde eine nicht zu unterschätzende Bedeutung zu, da die Kommunen stets örtliche (Außen-)Stellen der Zentralverwaltung waren und heute angesichts umfassender Planungssysteme (vgl. Art. 104 a Abs. 4, 109 Abs. 4 Nr. 1 GG) mehr denn je in Gefahr geraten, zur bloßen Verwaltungsinstanz oder Planvollzugsstelle herabzusinken[68]. Von diesem Sektor des gemeindlichen Tätigkeitsbereiches her läßt sich allerdings nicht ihr überkommener und grundgesetzlich garantierter Kernbereich, ihr charakteristischer Wesensgehalt, bestimmen. Kommunale Selbstverwaltung — wie sie heute verstanden wird — bedeutet ihrem Wesen und ihrer Intention nach Aktivierung der Beteiligten für die eigenen Angelegenheiten, die die in der örtlichen Gemeinschaft lebendigen Kräfte des Volkes zur eigenverantwortlichen Erfüllung öffentlicher Aufgaben der engeren Heimat zusammenschließt mit dem Ziel, das Wohl der Einwohner zu fördern und die geschichtliche und heimatliche Eigenart zu wahren. Grundgedanke der Prinzipien von Selbstverwaltung und Autonomie ist mithin, die in den gesellschaftli-

[65] *Lintz*, Politische Parteien und kommunale Selbstverwaltung, S. 17, 18.
[66] *Scheuner*, AfK 1973, S. 9, 10.
[67] *Scheuner*, AfK 1973, S. 30, 40.
[68] *Sasse*, Kommunalwahlrecht für Ausländer?, S. 42.

chen Gruppen lebendigen Kräfte in eigener Verantwortung zur Ordnung der sie besonders berührenden Angelegenheiten heranzuziehen und ihren Sachverstand für die Findung „richtigen" Rechts zu nutzen[69]. Die Selbständigkeit der Gemeinden beruht mithin im wesentlichen darauf, daß sie ihre politische Legitimation aus der Bürgerschaft gewinnt. Struktur und Legitimation der Gemeinde beruhen auf der Bürgermitwirkung, können und müssen von hier aus bestimmt werden. Die örtliche Gemeinschaft der Gemeindeangehörigen stellt somit die Legitimationsquelle für die Gemeinden dar[70]. Damit unterscheidet sie sich von der Legitimationsquelle des Staatsvolkes als demokratischer Zentralinstanz. Man wird die Gemeinden nicht als Demokratien im Staate bezeichnen können, da sie nicht durch Wesensgleichheit mit dem Staate gekennzeichnet sind. Sie sind keine Staaten im Staate, sondern nach Gewalt, Gebiet und Personen als selbständige Gemeinwesen dem Staat eingeordnet[71]. Da aber auch im Bereich der kommunalen Selbstverwaltung das Volk selbstverantwortlich öffentliche Gewalt ausübt, gilt auch dort das demokratische Prinzip. Eingefügt in die demokratische Ordnung des gesamten Gemeinwesens, gewinnt die kommunale Selbstverwaltung ihre besondere Stärke und Legitimation aus der in ihrem Kreis selbständig durch Wahlen begründeten demokratischen Fundierung[72]. Die örtlichen Vertretungen repräsentieren das „Volk in der Gemeinde". Ihr Dasein erklärt sich nicht vorstaatlich, sondern als rechtlich selbständige Gebietskörperschaft in Einordnung in das staatliche Gemeinwesen. Staat und Gemeinde sind nicht wesensgleich; zwar üben beide öffentliche Gewalt aus, die sich aus der Hoheitsgewalt des Volkes herleitet, doch besteht zwischen Staat und Gemeinde ein qualitativer Unterschied. Die Vertretung des Staatsvolkes kann — gebunden an die verfassungsmäßige Ordnung — durch Gesetz den Wirkungskreis und die Eigenverantwortlichkeit der Gemeinde sowie die Zuständigkeitsordnung der Gemeindeorgane verändern. Die örtliche Volksvertretung übt — in diesem ihr gesetzten Rahmen — die Rechte des Volkes in der Gemeinde aus, indem sie im Namen des Volkes in der Gemeinde die öffentlichen Aufgaben erledigt[73]. Die gemeindliche Volksvertretung ist kein Staatsorgan — kein Organ der Staatsmacht —, vielmehr ein Organ der Selbstverwaltungsgemeinschaft. Die Gemeindevertretung ist die Vertretung des Volkes in der Gemeinde. Die Gemeinde ist die Heimat ihrer Bürger. In ihr — einer bürgerschaftlich-nachbarschaftlichen Verwaltung — wirken viel stärker als in der Staatsverwaltung Kräfte wie Opferbereitschaft, Gerechtigkeitsgefühl und Gemeinsinn. Da die Gemeinde sich weitgehend

[69] BVerfGE 33, 125 ff., 159 und BVerfGE 11, 266 ff., 275 f.

[70] *Sasse*, Kommunalwahlrecht für Ausländer?, S. 41.

[71] *Becker*, Kommunale Selbstverwaltung, S. 699, 700.

[72] *Scheuner*, AfK 1973, S. 40.

[73] *Becker*, Kommunale Selbstverwaltung, S. 689, 690.

von Mensch zu Mensch vollzieht, wird in ihr auch die Sachkenntnis des Bürgers viel wirkungsvoller dem gemeinen Wohl nutzbar gemacht als im Staate[74]. In den Gemeinden der Gegenwart lebt ein Bürgersinn, die Gemeinde ist wieder die Urzelle der Demokratie geworden, die auf der Volksgesinnung beruht. Soweit die Kommunen Selbstverwaltungsangelegenheiten besorgen, erhalten sie ihre eigene Legitimation aus den Gemeindewahlen und stützen sich folglich „unmittelbar" auf die Gemeindeangehörigen als Legitimationsbasis[75]. Angesichts der beschriebenen Funktions- und Legitimationstrennung im kommunalen Sektor — selbständige demokratische Basis der Gemeinde, die sich auf Wahlen ihrer Bürger — Gemeindebürger — gründet —, wirkt ein Gemeindebürger jedenfalls als Kommunalwähler nicht rechtsverbindlich an der Staatswillensbildung mit[76]. Der Doppelaspekt der Kommune als einerseits staatliche Verwaltungsbehörde und andererseits als Selbstverwaltungskörperschaft begründet den Doppelaspekt kommunaler Legitimation. Soweit die Gemeinden staatliche Gesetze unter Fachaufsicht ausführen, nehmen sie an deren parlamentarischer Legitimation teil und stützen sich deshalb mittelbar auf das Staatsvolk als Legitimationsquelle; bei der Erledigung der Angelegenheiten der örtlichen Gemeinschaft dagegen — d. h. bei der Besorgung von Selbstverwaltungsaufgaben und Selbstverwaltungsangelegenheiten — stützen sie sich unmittelbar auf die Gemeindeangehörigen als Legitimationsbasis[77].

2.3. Ergebnis

Abschließend läßt sich feststellen, daß — nach deutschem Recht — der Staat kein Monopol der öffentlichen Verwaltung beansprucht. Die einheitliche öffentliche Gewalt, die vom *Volke* ausgeht, wird sowohl von Organen des Staates als auch von den Organen der dem Staat eingeordneten öffentlichen Gemeinwesen im Rahmen der Gesetze ausgeübt. In den Gebietskörperschaften geht alle öffentliche Gewalt vom Volke aus; dabei handeln die Staatsorgane im Namen des Staatsvolkes, die Gemeindevertretungen der örtlichen Gemeinschaft im Namen des Volkes in der Gemeinde.

Somit ergibt sich aus dem Vorhergesagten, daß das Volk Träger aller öffentlichen Gewalt ist. Für die öffentliche Gewalt in Bund und Ländern — die Staatsgewalt — ergibt sich dies aus Art. 20 II GG, für die in den Kreisen und Gemeinden — also den Selbstverwaltungsgemeinschaften — aus Art. 28 I 2 GG. Der im Grundgesetz in Art. 20 II GG verfas-

---

[74] *Gönnenwein*, Gemeinderecht, S. 39.

[75] *Sasse*, Kommunalwahlrecht für Ausländer?, S. 43.

[76] *Sasse*, Kommunalwahlrecht für Ausländer?, S. 44.

[77] Im Ergebnis auch *Sasse*, Kommunalwahlrecht für Ausländer?, S. 43.

sungsfest verankerte Grundsatz: „Alle Staatsgewalt geht vom Volke aus“, bezieht sich mithin nur auf die von Bund und Ländern ausgeübte öffentliche Gewalt — die Staatsgewalt — nicht dagegen auf die in den Selbstverwaltungskörperschaften — den Kreisen und Gemeinden — ausgeübte öffentliche Gewalt. Für diese ist der Grundsatz, daß das Volk Träger der öffentlichen Gewalt in den Selbstverwaltungsgemeinschaften ist, in Art. 28 I 2 GG konstitutiv verankert.

Art. 79 III GG in Verbindung mit Art. 20 II 1 GG steht somit der Einführung des Kommunalwahlrechts für Ausländer nicht entgegen.

Eine Grundgesetzänderung bzw. -ergänzung, die das Kommunalwahlrecht auch Ausländern ermöglicht, wäre daher zulässig.

Vierter Abschnitt

Modelle der Ausländerrepräsentation in den Gebietskörperschaften

1. Einleitung

Wie die bisherigen Ausführungen gezeigt haben, verbietet das Grundgesetz in seiner geltenden Fassung dem Gesetzgeber, Ausländer zu den Wahlen zum Bundestag, zu den Landtagen (Bürgerschaften) und zu den Kommunalvertretungen zuzulassen.

Lediglich auf kommunaler Ebene wäre es möglich, im Wege einer Verfassungsänderung Ausländern eine Einwirkungsmöglichkeit auf politische Personalselektion und Entscheidungen durch eine Beteiligung an Wahlen in den Kommunalvertretungen zu gewähren. Bevor der Verfassungsgesetzgeber von dieser ihm zustehenden Möglichkeit Gebrauch macht, sollten bereits heute alle sich bietenden Möglichkeiten einer sinnvollen und effektiven Vertretung der Ausländerinteressen auf kommunaler Ebene genutzt werden, da bekanntlich insbesondere im gemeindlichen Bereich zahlreiche spezifische Schwierigkeiten der ausländischen Bürger wurzeln.

So sollte — angesichts des zur Zeit auf der Ebene des Wahlrechts herrschenden Partizipationsdefizits — unterhalb dieser Schwelle ein Konzept kommunaler Partizipation ausländischer Arbeitnehmer erdacht werden, das sich an folgenden funktionalen Zielen orientiert:

Die Interessen ausländischer Arbeitnehmer müssen bei kommunalpolitischen Entscheidungen besser berücksichtigt werden;

Kommunalparlamente und Kommunalverwaltungen müssen über die Problemsituation und Bedürfnisse ausländischer Arbeitnehmer effektiver informiert werden.

Durch einen derartigen — bislang fehlenden — Integrationsentwurf sollte das Problem der Interessenartikulation ausländischer Arbeitnehmer im kommunalpolitischen Zielbildungsprozeß nach demokratischen Repräsentationsprinzipien gelöst werden.

Für eine kommunale Repräsentation ausländischer Arbeitnehmer bieten sich zwei Modelle an, die beide auf ihre Integrationskraft und Effektivität hin überprüft werden sollen: Die *externe* Partizipation ausländischer Arbeitnehmer an der kommunalpolitischen Willensbildung durch Ausländerparlamente und Koordinierungskreise und die *interne* Partizipation in den kommunalen Gremien selbst durch die Institution des sachkundigen Bürgers/Einwohners, den Ratsausschuß für Ausländerfragen und die Ausländerbeiräte.

2. Die externe Partizipation

2.1. Ausländerparlamente

In Einzelfällen sind zur Lösung des Repräsentationsproblems Parlamente ausländischer Arbeitnehmer konstituiert worden. Als Beispiele seien die Ausländerparlamente in Wiesloch/Walldorf, Troisdorf, Mosbach, Wolfsburg, Offenbach und Glinde genannt.

Das Ausländerparlament in Troisdorf z. B. erblickte[1] seine wichtigste Aufgabe in der Mitwirkung bei der gemeindlichen Willensbildung. Da der Erfolg eines Ausländerparlaments von der Zusammenarbeit mit dem Gemeinderat abhängt, ergänzte der Rat der Stadt Troisdrof seine Hauptsatzung wie folgt: „Die Ausschüsse des Stadtrates sind verpflichtet, bei der Behandlung von Ausländerfragen eine gewählte, vom Stadtrat anerkannte Vertretung der Ausländer in der Stadt Troisdorf zu hören[2]."

Das Ausländerparlament, das in Ausländer betreffenden Fragen eine rein beratende Funktion hat, ist durch den Troisdorfer Stadtrat in gewissem Sinne institutionell verselbständigt worden, indem ihm durch eine entsprechende Ergänzung der Hauptsatzung der Stadt ein rechtlich fixiertes Anhörungsrecht eingeräumt wurde[3]. Die Satzungsänderung erfolgte gemäß § 41 Abs. 1 der Gemeindeordnung Nordrhein-Westfalens, nach der der Rat für die Arbeit der Ausschüsse allgemeine Richtlinien aufstellen kann. Den Mitgliedern des Ausländerparlaments ist es jedoch verwehrt, in dem betreffenden Ausschuß mitzudiskutieren und mitzuentscheiden. Ein Erfahrungsbericht zeigt, daß das Ausländerparlament der Stadt Troisdorf von dem Recht, bei den Beratungen der Ausschüsse des Stadtrates gehört zu werden, mehrmals Gebrauch gemacht hat. Es

[1] Nach über zweijähriger Tätigkeit hat das Ausländerparlament in der Stadt Troisdorf, das am 4. 6. 1972 gewählt wurde, seine Arbeit in der Sitzung am 26. 4. 1975 eingestellt; *M. Dederichs*, Ausländerparlament stellt Arbeit ein, Städte- und Gemeinderat 1975, S. 332.

[2] Zitiert nach *Gerhardus* und *Dederichs*, Die Wahl des Troisdorfer Ausländerparlaments, Manuskript o. J., S. 3; zitiert aus *Kevenhörster*, Ausländische Arbeitnehmer im politischen System der BRD, S. 19.

[3] *Kevenhörster*, Ausländische Arbeitnehmer im politischen System der BRD, S. 19.

zeigte sich jedoch, daß die Probleme, die dem Anhörungsrecht unterlagen, einerseits nicht besonders zahlreich waren, andererseits in vielen Fällen — insbesondere in sozialen Angelegenheiten und Hilfen bei der Wohnungssuche — unmittelbar über die Stadtverwaltung erledigt werden konnten[4]. Auf diese Weise werden die Grenzen einer Einwirkung der ausländischen Arbeitnehmer auf die sozialen und kulturellen Verhältnisse in der Bundesrepublik Deutschland gut sichtbar.

Aufgabe eines Ausländergremiums ist es, die Anliegen der ausländischen Arbeitnehmer gegenüber den Entscheidungsgremien zu vertreten, die Entscheidungsgremien in Angelegenheiten, die die ausländische Bevölkerung betreffen, zu beraten und die Öffentlichkeitsarbeit mitzuformulieren und mitzutragen. Ausländerparlamente waren in dem Bestreben geschaffen worden, die politische Integration der Ausländer zu fördern und ihre Interessen durchzusetzen. Unter Berücksichtigung dieser Vorstellungen erscheint die Einrichtung eines Ausländerparlaments in der Regel als wenig geeignet[5]. Hierzu eine Äußerung eines Mitglieds des Ausländerparlaments in Wiesloch: „Allerdings schien mir, daß ein richtiger Kontakt mit der Verwaltung selbst nicht vorhanden ist. Ich habe nicht herausbekommen können, ob bestimmte Anliegen der Ausländer, die kollektiv artikuliert werden, von der Verwaltung gebessert worden sind[6]."

Am Beispiel der Ausländerparlamente Wiesloch/Walldorf zeigt sich, wie schwierig sich die Zusammenarbeit zwischen Gemeinderat und Ausländerparlament gestalten kann. In diesen Städten wird die Verbindung des Ausländerparlaments zu den kommunalen Gremien durch einen Kontaktausschuß hergestellt, der jeweils zur Hälfte aus Vertretern der Gemeinde und des Ausländerparlaments zusammengesetzt ist. Dieser Kontaktausschuß hat es anscheinend jedoch bislang nicht vermocht, Friktionen zwischen Gemeindevertretung und Ausländerparlament zu verhindern; eine Koordination der Tätigkeiten dieser beiden Gremien ist nicht zustande gekommen[7]. Erschwerend kommt hinzu, daß weder Ausländerparlament noch Kontaktausschuß in Wiesloch und Walldorf — im Unterschied zu Troisdorf — ein Anhörungsrecht haben. So haben die Mitglieder der Ausländerparlamente nicht das Gefühl gewinnen

---

[4] *Dederichs*, Ausländerparlament Troisdorf stellt Arbeit ein, Städte- und Gemeinderat 1975, S. 332.

[5] *Dederichs*, Die örtlichen Arbeitskreise für ausländische Arbeitnehmer — Informations- und Arbeitstagung vom 11. - 13. 12. 1974 in Bad Meinberg — Ergebnisprotokolle, S. 12.

[6] Entnommen dem Protokoll einer offenen Exploration mit einem Mitglied des Wieslocher Ausländerparlaments im Februar 1973; zitiert nach *Kevenhörster*, Ausländische Arbeitnehmer im politischen System der BRD, S. 20, Anm. 21 (S. 161).

[7] *Kevenhörster*, Ausländische Arbeitnehmer im politischen System der BRD, S. 20.

können, daß ihre Beschlüsse in der Politik einen Niederschlag finden. Die kommunalen Entscheidungsträger sind weder juristisch noch faktisch gezwungen, bei der Konzipierung und Durchführung kommunalpolitischer Entscheidungen die Vorstellungen der Ausländerparlamente zu berücksichtigen. Die Möglichkeiten der Mitwirkung bei den Entscheidungen des Stadtrates sind somit gering; daran vermag auch das in Einzelfällen gewährte Anhörungsrecht nichts zu ändern. Hinzu kommt die Erfahrung, daß sich Ausländerparlamente durch die Trennung von den kommunalen Parlamenten selbst dort, wo ein Anhörungsrecht gegenüber dem Gemeinderat kodifiziert ist (Troisdorf), eher als Instrumente politischer Desintegration als Integration erwiesen haben[8].

Die Probleme der ausländischen Arbeitnehmer sind in der Regel zugleich Probleme der deutschen Gesellschaft und können daher letztlich allein durch eine Integration der ausländischen Arbeitnehmer in den Willensbildungsprozeß dieser Gesellschaft gelöst werden. Auf dem jetzigen Erfahrungshintergrund zeigt sich auch deutlich, daß die Handlungsfähigkeit eines Ausländerparlaments wegen der nationalen, soziokulturellen und politischen Heterogenität der ausländischen Arbeitnehmer gering ist. Die Interessen der in den Ausländerparlamenten vertretenen Nationen sind höchst unterschiedlicher Natur, so daß die Organe häufig nur globale Interessen ausländischer Arbeitnehmer vertreten können und keine Einigung über allgemein gehaltene Kompromißformeln hinaus zustande bringen[9]. Auch aus diesem Grunde können Aktionsfähigkeit, Artikulationsvermögen und Integrationsfähigkeit von Ausländerparlamenten nur als gering veranschlagt werden.

Aus dem vorher Gesagten läßt sich somit der Schluß ziehen, daß zwar die Wahl von Ausländerparlamenten nach geltendem Recht offen steht, diese jedoch nicht in erhofftem Ausmaße die politische Integration der Ausländer fördern und ihre Interessen durchzusetzen vermögen. Zudem weist die Konstruktion der Ausländerparlamente unübersehbare Mängel auf, die diese Institution als wenig geeignet erscheinen lassen für eine konzentrierte Interessenartikulation und eine integrierte Beeinflussung kommunalpolitischer Entscheidungen durch ausländische Arbeitnehmer.

2.2. Koordinierungskreise

In den Städten sind bisweilen sogenannte örtliche Koordinierungskreise eingerichtet worden, denen die Aufgabe obliegt, unbeschadet bestehender behördlicher Zuständigkeiten, die auf lokaler Ebene auftre-

[8] *Dederichs,* Die örtlichen Arbeitskreise für ausländische Arbeitnehmer — Informations- und Arbeitstagung vom 11. - 13. 12. 1974 in Bad Meinberg — Ergebnisprotokolle, S. 13.

[9] *Henkel,* Integration und Repräsentation, S. 111.

tenden Eingliederungsprobleme zu behandeln und einer Lösung zuzuführen[10]. In derartigen Koordinierungsausschüssen wirken — da die Aufgaben in der Regel über den kommunalen Bereich hinausreichen — neben Vertretern der Betreuungsorganisationen (Arbeiterwohlfahrt, Caritas-Verband, Diakonisches Werk) Vertreter des Jugendsozialwerkes, der Gewerkschaften, der Arbeitgeber, des Arbeitsamtes, der Volkshochschule sowie selbstverständlich auch ausländische Arbeitnehmer mit.

Als Organisationsform weisen die Koordinierungskreise nicht selten unübersehbare Schwächen auf. In den Prozeß der kommunalen Willensbildung sind die Koordinierungskreise nur informell eingeschaltet[11], so daß ihre wesentliche Funktion im Austausch von Informationen besteht; so sind sie in erster Linie Informationsorgane, mit denen sich eine wirksame Koordination der Einzelmaßnahmen der verschiedenen Ressorts und Entscheidungsträger nicht bewerkstelligen läßt. Da sie im Regierungs- und Verwaltungssystem der Bundesrepublik Deutschland nicht verankert sind, besitzen sie auch dementsprechend keine Sachkompetenzen[12]. Zu ihrer Installation bedarf es keiner besonderer gesetzlicher Regelungen. Hinzu kommt, daß in derartigen Gremien das Problem der sachgerechten Auswahl der Ausländervertretungen nicht gelöst ist, da diese nicht gewählt, sondern meistens von den Betreuungsverbänden oder Gewerkschaften benannt werden. Auf diese Weise fehlt der unmittelbare Kontakt mit allen Arbeitnehmergruppen.

Auch auf Landes- und Bundesebene gibt es derartige Koordinierungskreise[13]. Dem beim Bundesminister für Arbeit und Sozialordnung bestehenden Koordinierungskreis „ausländischer Arbeitnehmer" gehören keine ausländischen Arbeitnehmer an; vielmehr setzt er sich zusammen aus Vertretern der beteiligten Bundesressorts, mehreren Arbeitsministern der Länder, der Bundesanstalt für Arbeit, Arbeitgeber- und Arbeitnehmerorganisationen, den Kirchen, mehreren Wohlfahrtsorganisationen, kommunalen Spitzenverbänden und Abgeordneten der Fraktionen des Deutschen Bundestages. Darüber hinaus existiert ein Ge-

---

[10] Siehe dazu auch: Programm zur Eingliederung ausländischer Arbeitnehmer in Rheinland-Pfalz, Ministerium für Soziales, Gesundheit und Sport (Juli 1974), S. 57.

[11] Siehe dazu auch: „Demokratische Repräsentation ausländischer Arbeitnehmer in der Bundesrepublik Deutschland", im Auftrag des BMA erstatteter Bericht des Instituts für Kommunikationsplanung, Bonn (April 1973), S. 49, 50, 59; der Projektstudie entspricht eine für die breitere Öffentlichkeit bestimmte, überarbeitete Zusammenfassung, in dieser Arbeit zitiert: *Kevenhörster*, Ausländische Arbeitnehmer im politischen System der BRD, S. 74.

[12] *Henkel*, Integration und Repräsentation, S. 96.

[13] Siehe dazu insbesondere: Grundsätze zur Eingliederung ausländischer Arbeitnehmer und ihrer Familien (Bundesarbeitsblatt Nr. 6/1972), in: Der Bundesminister für Arbeit und Sozialordnung informiert über die „Eingliederung ausländischer Arbeitnehmer", Bonn (Oktober 1973), S. 4.

sprächskreis „Vertreter ausländischer Arbeitnehmer" beim Bundesminister für Arbeit, der sich aus Mitgliedern des Koordinierungskreises und Vertretern eben jener ausländischen Arbeitnehmer zusammensetzt, die vom Vorstand des DGB und des Wohlfahrtsausschusses benannt werden.

2.3. Schlußfolgerungen

Die bisherigen Erfahrungen mit externen Partizipationsformen haben gezeigt, daß diese vielfach auf Desintegration des kommunalpolitischen Willensbildungsprozesses hinauslaufen und somit dem angestrebten Ziel zuwiderlaufen.

Im folgenden sollen nunmehr Modelle erörtert werden, die eine Interessenartikulation ausländischer Arbeitnehmer in der Bundesrepublik Deutschland *innerhalb* des Institutionengefüges der kommunalpolitischen Entscheidungsfindung ermöglichen. Die wirksamste Form der internen Partizipation stellt zweifellos die Gewährung des aktiven und passiven Wahlrechts für Ausländer dar; da das Grundgesetz jedoch das Wahlrecht insgesamt den deutschen Staatsbürgern vorbehält, fehlen die verfassungsrechtlichen Voraussetzungen zur Realisierung dieser Höchststufe der internen Partizipation.

3. Die interne Partizipation

3.1. Sachkundiger Bürger

Eine andere Möglichkeit zur Gewinnung der ausländischen Arbeitnehmer für eine integrierte Mitarbeit im politischen System der Bundesrepublik Deutschland bietet sich auf kommunaler Ebene in der Ausgestaltung des Instituts des „sachkundigen Bürgers" in den Kommunalverfassungen der Länder. Ausländern könnte eine unmittelbare Mitwirkung in den kommunalen Gremien gewährt werden, indem sie von Ausschüssen sowohl der Gemeinderäte als auch der Kreistage zu Beratungen einzelner Angelegenheiten als sachkundige Personen herangezogen werden. In den kommunalverfassungsrechtlichen Vorschriften, die die Zusammensetzung der Ausschüsse regeln, wird von Land zu Land unterschieden zwischen der Hinzuziehung sachkundiger *Personen*, sachkundiger *Einwohner* und sachkundiger *Bürger*.

Im folgenden soll die Bedeutung dieser Begriffe für die Mitwirkung von Ausländern in den kommunalen Gremien erörtert werden. Die personelle Grundlage der Gemeinde bildet die Gemeindebevölkerung[14]. In-

---

[14] *Pagenkopf*, Kommunalrecht, S. 149.

nerhalb der Gemeindebevölkerung unterscheiden die Gemeindeordnungen — was aus der geschichtlichen Entwicklung heraus zu erklären ist[15] — zwischen Einwohnern und Bürgern. Einwohner der Gemeinde ist, wer im Gemeindegebiet seinen Wohnsitz hat[16]. Einwohner können auch Ausländer sein, da der Besitz der deutschen Staatsangehörigkeit nicht Voraussetzung für den Erwerb der Einwohnereigenschaft ist. Der Status des Einwohners gewährt Rechte und auferlegt Pflichten[17]. Dem Bürger einer Gemeinde stehen alle Rechte zu, die auch dem Einwohner eingeräumt sind; im Status des Bürgers ist derjenige des Einwohners stets enthalten[18]. Darüber hinaus obliegen aber dem Bürger noch besondere Rechte, die seine Mitwirkung bei der bürgerschaftlichen Selbstverwaltung zum Gegenstand haben. Indem diese Rechte dem Einwohner vorenthalten werden, ergibt sich ein wesentlicher Unterschied zwischen einem Einwohner und einem Bürger. Die sachliche Entscheidung darüber, wer Gemeindebürger ist, wird auf die Wahlordnungen verlagert, in denen angegeben ist, wer wahlberechtigter Einwohner und mithin Bürger der Gemeinde ist. Im allgemeinen ist die Wahlberechtigung von der Vollendung des 18. Lebensjahres, der deutschen Staatsangehörigkeit im Sinne des Art. 116 GG und dem Wohnsitz in der betreffenden Gemeinde für eine Mindestzeit (3 Monate bis zu einem Jahr) abhängig. Nach dieser Regelung wird der Status des Bürgers kraft Gesetzes von den Einwohnern mit der Erfüllung der erwähnten Voraussetzungen erworben. Entscheidend für die Mitarbeit der ausländischen Arbeitnehmer in kommunalen Gremien ist also, ob in den Gemeinde- und Landkreisordnungen von sachkundigen *Einwohnern* oder *Bürgern* die Rede ist. In Baden-Württemberg[19] können seit dem Inkrafttreten des Gesetzes zur Änderung der Gemeindeordnung und der Landkreisordnung vom 21. 7. 1970 (Ges.Bl. S. 405) Ausländer als sachkundige Einwohner in einer Gemeinde vom Gemeinderat zu Beratungen einzelner Angelegenheiten hinzugezogen (§ 33 Abs. 2 GO Baden-Württemberg) sowie widerruflich als beratende Mitglieder in die beschließenden (§ 40 Abs. 1 Satz 4 GO) oder als Mitglieder in die beratenden Ausschüsse des Gemeinderates (§ 41 Abs. 1 Satz 3 GO) berufen werden. Darüber hinaus besteht die Möglichkeit, daß sie als sachkundige Einwohner vom Kreistag zu den Beratungen einzelner Angelegenheiten zugezogen sowie widerruflich als beratende Mitglieder in die beschließenden bzw. als Mitglieder in die be-

---

[15] *Klüber*, Das Gemeinderecht in den Ländern der Bundesrepublik Deutschland, S. 78.

[16] *Gönnenwein*, Gemeinderecht, S. 70.

[17] Zu den Einwohnerrechten und -pflichten siehe *Pagenkopf*, Kommunalrecht, S. 150, 151.

[18] Zum Begriff des Bürgers siehe auch *Berkenhoff*, Das Kommunalverfassungsrecht in Nordrhein-Westfalen, S. 37 ff.

[19] Ausländische Arbeitnehmer in Baden-Würtemberg, Denkschrift des Ministeriums für Arbeit, Gesundheit und Sozialordnung — SM — 1 — 75, S. 33.

ratenden Ausschüsse des Kreistages berufen werden (§§ 23 Abs. 1, 27 Abs. 1 Satz 3 und 28 Abs. 1 Satz 3 Landkreisordnung).

Auch in Niedersachsen eröffnet sich den Ausländern — nach der geltenden Gesetzeslage — die Möglichkeit zur Mitarbeit im Rahmen kommunaler Gremien[20]. In § 51 Abs. 3 heißt es nämlich: „Der Rat kann neben Ratsherren *andere Personen*, jedoch nicht Gemeindebedienstete, zu Mitgliedern seiner Ausschüsse berufen." Damit können auch Ausländer, also Personen, die nicht Bürger der Gemeinde und damit nicht Deutsche sind, zu Mitgliedern dieser Ausschüsse — ohne Stimmrecht — berufen werden. Auf Kreisebene können sonstige Personen gutachtlich gehört werden oder ständig an den Sitzungen teilnehmen; Mitglieder der Kreisausschüsse können in Niedersachsen allerdings nur Kreistagsabgeordnete und damit nur Deutsche sein.

Auch in Nordrhein-Westfalen hat es Bestrebungen gegeben, allen Einwohnern der Kommunen die Möglichkeit zu geben, an den Entscheidungen in den Gemeinderäten über den „sachkundigen Bürger" teilzunehmen. Dazu wäre es notwendig gewesen, § 42 Abs. 2 und 3 der Gemeindeordnung Nordrhein-Westfalens so zu ändern, daß auch ausländische Einwohner der Gemeinden als sachkundige „Bürger" vom Rat in die Ausschüsse bestellt werden könnten[21]. Trotz wiederholter Vorstellungen des Landesbeirats für ausländische Arbeitnehmer beim Ministerium für Arbeit, Gesundheit und Soziales und trotz Eingaben an die Fraktionen des Landtages wurde bei der Änderung der Gemeindeordnung des Landes Nordrhein-Westfalen kein Mitwirkungsrecht der ausländischen Arbeitnehmer statuiert[22].

So kam es in Nordrhein-Westfalen nicht zur Ausgestaltung des Instituts des „sachkundigen Einwohners" und damit nicht zur Mitwirkung der Ausländer bei kommunalpolitischen Entscheidungen wie in Baden-Württemberg oder in Niedersachsen.

Auch in den übrigen Ländern der Bundesrepublik Deutschland können neben den Mitgliedern des Gemeinderates und des Kreistages nur Deutsche als sachkundige Bürger herangezogen werden, während den Ausländern keine Möglichkeit eingeräumt wird, ihre Probleme unmittelbar im Rahmen der gemeindlichen Selbstverwaltung zur Geltung zu bringen.

Zwar können die ausländischen Bürger auch als „sachkundige Einwohner" die Beschlüsse des Gemeinderates und Kreistages nicht selbst mitbestimmen, ein wesentlicher Vorteil im Vergleich zu den oben ge-

[20] *Henkel*, Integration und Repräsentation, S. 98.

[21] *Dederichs*, Die Städte und Gemeinden in der Mitverantwortung, Städte- und Gemeinderat 1974, S. 263, 264.

[22] *Dederichs*, Ausländerparlament Troisdorf stellt Arbeit ein, Städte- und Gemeinderat 1975, S. 331.

schilderten Ausländerparlamenten besteht jedoch darin, daß den ausländischen Bürgern die Möglichkeit zur *unmittelbaren* Mitwirkung in den kommunalen Gremien selbst gewährt wird.

Diese Form politischer Partizipation ist zur konzentrierten Interessenartikulation und insbesondere integrierten Beeinflussung kommunalpolitischer Entscheidungen besser geeignet.

3.2. Ratsausschuß für Ausländerfragen

Zu denken ist auch an die Konstituierung eines Ratsausschusses für Ausländerfragen[23]. Diesem könnten alle Fragen und Probleme, die sich aus der Anwesenheit ausländischer Arbeitnehmer in der Kommune ergeben, zur ausschußmäßigen Behandlung übertragen werden. Die Mitgliedschaft in einem derartigen Ausschuß wirft heute jedoch noch rechtliche Probleme auf. Macht man sie abhängig von der Mitgliedschaft im Rat, scheitert eine Beteiligung ausländischer Arbeitnehmer, die dringend erforderlich ist, an der Rechtslage, nach der bislang, wie die vorstehenden Untersuchungen erbracht haben, nur Deutsche im Sinne des Art. 116 GG in den Rat und somit in die Ratsausschüsse gewählt werden können.

Eine weitere Möglichkeit böte sich auch in diesem Zusammenhang, die Institution des sachkundigen Bürgers in den Ratsausschüssen zum sachkundigen Einwohner weiterzuentwickeln. Auf diesem Wege wäre es möglich, neben deutschen Mitgliedern — als Ratsmitgliedern oder sachkundigen Bürgern — auch ausländischen Mitgliedern — als sachkundigen Einwohnern — ein Mitwirkungsrecht in diesem Gremium zu gewähren. Der Ausschuß für Ausländerfragen könnte eine Art Querschnittsfunktion erlangen und insofern von traditionellen Vorstellungen einer sachbezogenen Ausschußarbeit abweichen, wenn ihm alle Fragen des Ausländerrechts, mit denen sich eine Kommune zu befassen hat, zur Bearbeitung übertragen würden. Nach erfolgter Beschlußfassung könnte sich ein derartiger Ratsausschuß unmittelbar mit einer Empfehlung an den Stadtrat wenden.

3.3. Ausländerbeiräte

Eine weitere Möglichkeit zur integrierten Mitarbeit der ausländischen Arbeitnehmer im politischen System der Bundesrepublik Deutschland bietet sich in der Form von Ausländerbeiräten an, die bei Gemein-

[23] Die örtlichen Arbeitskreise für ausländische Arbeitnehmer — Informations- und Arbeitstagung vom 11. - 13. 12. 1974 in Bad Meinberg — Ergebnisprotokolle, herausgegeben vom Minister für Wissenschaft und Forschung des Landes Nordrhein-Westfalen, S. 8, 9, 21 — betreffend die Konstituierung eines Ratsausschusses.

deräten und Kreistagen mit beratendem Status geschaffen werden könnten[24]. Die Aufgabe eines Beirates besteht darin, den Stadtrat in allen Fragen, die die Ausländer betreffen und die zum eigenen Wirkungskreis der Stadt gehören, durch Anregungen, Anfragen, Empfehlungen und Stellungnahmen zu beraten. Darüber hinaus soll der Beirat die Verbindung der ausländischen Arbeitnehmer zur Bevölkerung der Stadt sowie kulturelle und soziale Veranstaltungen ausländischer Arbeitnehmer in der Stadt fördern[25].

Die Ausländerbeiräte werden — nach dieser Konzeption — nur beratend tätig und nehmen nicht unmittelbar staatliche Funktionen wahr. Dieses Integrationsmodell bedürfte somit keiner Änderung der Landesverfassungen; es genügte eine entsprechende Ergänzung der Gemeinde- und Landkreisordnungen.

Die Ausländerbeiräte könnten sich je zur Hälfte aus Mitgliedern der Gemeinderäte oder Kreistage und aus Vertretern der ausländischen Arbeitnehmer zusammensetzen, wobei die Wahl der ausländischen Mitglieder des Beirates grundsätzlich allgemein, frei, gleich und geheim sein und für die einzelnen Nationen getrennt sein sollte. Wahlberechtigt wäre jeder Ausländer, der z. B. das 18. Lebensjahr vollendet hat und seit einer bestimmten Zeit (evtl. drei Monate) in der Gemeinde oder im Kreis gelebt hat[26].

Da es bis heute für die oben näher beschriebenen Koordinierungskreise kein Recht der Anhörung vor einem Ausschuß oder vor dem Rat gibt, wäre eine Gelegenheit gegeben, den Integrationseffekt der Ausländerbeiräte dadurch zu verstärken, daß ihnen ein Anhör- und Antragsrecht gegenüber dem Stadtrat und seinen Ausschüssen durch Verankerung in der Hauptsatzung verliehen wird[27]. Auch Errichtung und Aufgaben der Ausländerbeiräte sollten wegen der zunehmenden Bedeutung der Ausländerfragen in der Hauptsatzung der Kommune verankert werden. Zudem erscheint es sinnvoll, die Vertreter der ausländischen Arbeitnehmer in den kommunalen Ausländerbeiräten in Zeitabständen von vier Jahren auf einem Landeskongreß die Delegierten des Landesbeirates für Fragen ausländischer Arbeitnehmer wählen zu lassen. Auch diese Länderbeiräte sollten sich paritätisch aus Vertretern der ausländischen

---

[24] *Henkel*, Integration und Repräsentation, S. 112.

[25] Aus der Satzung über die Ausländerbeiräte in München und Nürnberg, die auch die Wahlordnung regelt, in: Ausländische Arbeitnehmer-Wanderausstellung des Bayerischen Staatsministeriums für Arbeit und Sozialordnung — Begleitheft, S. 58 und 59.

[26] *Kevenhörster*, Ausländische Arbeitnehmer im politischen System der BRD, S. 70.

[27] *Dederichs*, Die örtlichen Arbeitskreise für ausländische Arbeitnehmer — Informations- und Arbeitstagung vom 11. - 13. 12. 1974 in Bad Meinberg — Ergebnisprotokolle, S. 8 und 20.

Arbeitnehmer und Repräsentanten der Landesregierung, des Landtages und der von diesen beiden Organen hinzugezogenen Verbände zusammensetzen[28]. Aus diesem Gremium können dann ebenfalls für einen Zeitraum von zwei Jahren Delegierte in den Koordinierungskreis ausländischer Arbeitnehmer beim Bundesminister für Arbeit und Sozialordnung gewählt werden. Zwar ist zuzugeben, daß auf diesem Feld noch viele Fragen im Detail unbeantwortet offen sind, doch liegt ein großer Vorteil dieser Form der Repräsentation ausländischer Arbeitnehmer in der engen Verbindung mit dem Gemeinderat und Kreistag, der rechtlichen Grundlage und der demokratischen Auswahl der ausländischen Mitglieder[29]. Auf diese Weise könnte die Effektivität der Vertretungsorgane verbessert, eine bessere Koordination in Ausländerfragen zwischen den Gemeinden und den verschiedenen Systemebenen erzielt und die Legitimationsbasis der Repräsentationsorgane verbreitert werden.

4. Abschließende Stellungnahme

Die Gegenüberstellung der verschiedenen Modelle der Ausländerrepräsentation in den Gebietskörperschaften zeigt, daß das Problem der Repräsentation und Interessenvertretung ausländischer Arbeitnehmer in den Kommunen noch nicht als gelöst angesehen werden kann.

Das zur Zeit praktizierte Verfahren entspricht oftmals mehr den Interessen der beteiligten Behörden und Verbände als denjenigen der ausländischen Arbeitnehmer.

Als unübersehbarer Nachteil der Ausländerparlamente erwies sich deren Unfähigkeit, die Interessen ausländischer Arbeitnehmer im Rahmen der kommunalpolitischen Willensbildung und Entscheidungsfindung hinreichend zur Geltung zu bringen.

Da diese Organe aufgrund einer extrem heterogenen Zusammensetzung der Parlamente lediglich zur Vertretung globaler Interessen ausländischer Arbeitnehmer fähig sind, ist die Aktions- und Integrationsfähigkeit von Ausländerparlamenten nur als gering zu veranschlagen.

---

[28] *Kevenhörster*, Thesen zur Partizipation ausländischer Arbeitnehmer am kommunalpolitischen Zielbildungsprozeß, in: Die örtlichen Arbeitskreise für ausländische Arbeitnehmer — 2. Informations- und Arbeitstagung für Vorsitzende örtlicher Arbeitskreise vom 1. 12. - 3. 12. 1975 — Information und Unterlagen des Ministeriums für Arbeit, Gesundheit und Soziales des Landes Nordrhein-Westfalen, S. 13; zu Aufgaben und Zusammensetzung der „Landesbeiräte für ausländische Arbeitnehmer" siehe auch Informationen und Arbeitsunterlagen über eine Informations- und Arbeitstagung vom 11. - 13. 12. 1974, S. 91 - 93 (herausgegeben vom Ministerium für Arbeit, Gesundheit und Soziales des Landes Nordrhein-Westfalen).

[29] *Henkel*, Integration und Repräsentation, S. 112.

Auch die zweite Form externer Partizipation — Einsetzung von Koordinierungskreisen — erwies sich als wenig überzeugend, da derartige Koordinierungskreise — von ihrer Anlage her — mehr als Informations- denn als Koordinierungsorgane eingestuft werden müssen.

Die anschließend erörterten Modelle der internen Partizipation durch die Ausgestaltung des Instituts des sachkundigen Bürgers/Einwohners, den Ratsausschuß für Ausländerfragen sowie die Ausländerbeiräte trugen dem Gedanken der Verbesserung der Effektivität der Vertretung und der Verbreiterung der Legitimationsbasis stärker Rechnung als die zuvor beschriebenen Konzeptionen; insgesamt hat sich jedoch gezeigt, daß eine sinnvolle und effektive Vertretung der Ausländerinteressen unterhalb der Schwelle des Wahlrechts nur durch eine Reorganisation der bisher bekannten bzw. durch die Entwicklung neuer, noch nicht bekannter Formen der Repräsentation gewährleistet werden kann.

Um zu einer wirksamen Mitwirkung der ausländischen Einwohner am kommunalpolitischen Willens- und Entscheidungsprozeß zu gelangen, wird man ihnen nach einer Mindestaufenthaltsdauer das aktive und passive Wahlrecht gewähren müssen. Nur auf diesem Wege lassen sich die vorgenannten Mitwirkungsrechte tatsächlich verwirklichen.

In diesem Zusammenhang ist zu beachten, daß das kommunale Wahlrecht stets im Zusammenhang mit denjenigen Regelungen des Ausländergesetzes gesehen werden muß, die die politische Betätigung dieses Personenkreises betreffen. Wertlos wäre ein kommunales Wahlrecht ohne einen entsprechenden Schutz der Grundrechte. Das Wahlrecht müßte daher rechtlich so umfassend abgesichert werden, daß es — durch entsprechende Rechtsgarantien — effektiv ausgeübt werden kann. Die Frage des Ab- und Ausweisungsrechts[30], das die tatsächlichen Voraussetzungen der politischen Betätigung, nicht Bestehen und Umfang der politischen Rechte betrifft, soll jedoch im Rahmen dieser Arbeit nicht näher behandelt werden.

---

[30] Zum Ausweisungsrecht siehe *Friederichsen*, Die Stellung des Fremden in deutschen Gesetzen, insbesondere S. 104 ff.

Fünfter Abschnitt

Mitsprache- und Beteiligungsmöglichkeiten von Ausländern in gesellschaftlichen Institutionen der Bundesrepublik Deutschland

1. Einleitung

Als Ergebnis der bisherigen Untersuchung kann festgehalten werden, daß dem Vorhaben, Ausländern im Bundesgebiet über das Wahlrecht einen Einfluß auf die staatliche Willensbildung einzuräumen, verfassungsrechtlich Grenzen gesetzt sind.

Wenn — seit einiger Zeit — von politischen Gruppierungen innerhalb der Parteien angesichts der Verfassungslage in der Bundesrepublik Deutschland zumindest für den Bereich der Kommune die Forderung nach einer das Kommunalwahlrecht für Ausländer ermöglichenden Gesetzesänderung erhoben wird, erscheint es angebracht, die Rechtsstellung der ausländischen Arbeitnehmer in der Bundesrepublik Deutschland insbesondere im Hinblick auf eine bereits heute bestehende tatsächliche Mitsprache und Repräsentanz in verwandten gesellschaftlichen Organisationsformen im politischen Willensbildungsprozeß der Bundesrepublik Deutschland zu untersuchen. Da das kommunale Stimmrecht dem Gemeinderatswähler nicht die Chance zur rechtsverbindlichen Mitwirkung bei der Staatswillensbildung, sondern lediglich eine „institutionalisierte Teilhabe an der gesellschaftspolitischen Willensbildung“[1] vermittelt, könnte sich aus einer Bestandsaufnahme der ausländischen Bürgern bereits heute in einigen — beispielhaft ausgewählten — Institutionen des deutschen gesellschaftlichen Lebens gewährten Mitsprache- und Teilnahmerechte am politischen Leben der Bundesrepublik Deutschland ergeben, daß in der Verleihung des Kommunalwahlrechts an Ausländer kein isolierter Akt der Rechtsverleihung, sondern vielmehr nur ein weiterer Schritt in Richtung einer sich in Stufen vollziehenden politischen Integration der in der Bundesrepublik Deutschland lebenden Ausländer gesehen werden kann.

In der folgenden Bestandsaufnahme sollen die politischen Mitspracherechte der Ausländer und ihre Repräsentation in den Hochschulen,

[1] *Sasse*, Kommunalwahlrecht für Ausländer?, S. 51.

im öffentlichen Dienst, bei den Trägern der Sozialversicherung, in den Betriebsräten, in Gewerkschaften und Parteien aufgezeigt werden.

2. Ausländervertretung in ausgewählten Institutionen der Bundesrepublik Deutschland

2.1. Hochschule

Die Stellung der Ausländer im Hochschulbereich ist insbesondere eine Frage der körperschaftlichen Mitwirkungsrechte der ausländischen Studenten, deren Zahl in den letzten Jahren erhebliche Größenordnungen angenommen hat[2].

Die Zulassung zum Studium hängt für den Ausländer nicht anders als für den Deutschen von der Immatrikulation ab[3]. Die Hochschulgesetze bestimmen, daß auch der ausländische Student damit Mitglied der Hochschule wird und die gleichen Rechte und Pflichten eines civis academicus genießt wie die deutschen Studenten[4]. Die Studenten sind somit als Glieder der akademischen Gemeinschaft anerkannt. In einigen Hochschulgesetzen ist gar vorgesehen, daß die Studenten als „Studentenschaft" im Rahmen je einer Hochschule eine Teilkörperschaft bilden[5].

Da nach der geltenden Gesetzeslage die immatrikulierten ausländischen Studenten vollberechtigte Mitglieder der akademischen Gemeinschaft sind, wird ihnen auch das Wahlrecht, das aktive wie das passive, im Rahmen der studentischen Selbstverwaltung zugestanden[6]. Die Selbstverwaltung beruht auf ausdrücklicher Gewährleistung durch die Bestimmungen der Landesverfassungen, z. T. auch auf einer Regelung durch die Hochschulverfassungen.

Da Mitglieder der Studentenschaft also alle an einer Hochschule eingeschriebenen Studenten — ohne Rücksicht auf ihre Nationalität — sind, werden nach geltender Rechtslage studentenrechtlich Ausländer den Deutschen völlig gleichgestellt.

Hinsichtlich der den Studenten in den Hochschulgesetzen der Länder gewährten weitgehenden körperschaftlichen Mitwirkungsrechte ist zwi-

---

[2] Im WS 1971/72 gab es an allen deutschen Hochschulen 34 250 ausländische Studenten; bis zum WS 1975/76 stieg die Zahl der ausländischen Studenten auf 48 704. Statistisches Jahrbuch 1976, S. 104.

[3] *Fries,* Die Rechtsstellung des Studenten innerhalb der wissenschaftlichen Hochschule, S. 69.

[4] *Thomsen,* Die politische Betätigung von Ausländern, S. 98: „Eine Differenzierung der Cives academici nach ihrer Staatsangehörigkeit widerspricht überhaupt dem Wesen der Universität".

[5] *Thieme,* Deutsches Hochschulrecht, S. 334.

[6] *Dolde,* Die politischen Rechte der Ausländer, S. 85.

schen der selbständigen Aufgabenerledigung durch eigene Organe und der Teilhabe an der Arbeit universitärer Organe zu unterscheiden.

Die Studentenschaft wirkt — zur studentischen Repräsentation — meist in der Form als „Allgemeine Studentenversammlung", als „Studentenparlament" und als „Allgemeiner Studentenausschuß"[7]. Bei diesen Organen handelt es sich um spezifisch studentische Repräsentations-Institutionen, an der die Glieder des Lehrkörpers keinen Anteil haben. Die Studenten handeln in diesem Bereich voll selbständig — dennoch unterliegen Einzelstudent und Gesamtstudentenschaft der Aufsicht der Hochschulorgane. Da diese Aufsicht als Rechtsaufsicht zu qualifizieren ist, können Maßnahmen der Studentenschaft im Bereich der Selbstverwaltung so lange nicht von der Hochschule beanstandet werden, als das der Studentenschaft eingeräumte Ermessen nicht überschritten oder mißbraucht wurde und etwa im Zusammenhang mit der Kandidatur und Wahl eines Ausländers in Selbstverwaltungsgremien die elementaren demokratischen Wahlgrundsätze gewahrt werden[8].

Auch im Bereich universitärer Selbstverwaltung sind die Studenten mitwirkungsberechtigt[9]. Die Hochschulgesetze gehen hier ebenfalls von der Gleichbehandlung aller akademischen Bürger aus, was bedeutet, daß ausländische Studenten wie Deutsche im Sinne des Art. 116 GG gleichen Zugang zu allen Gremien und traditionellen Grundorganen der Hochschule haben, die den Studenten zur Mitwirkung offenstehen[10].

---

[7] *Schapals*, Wesen und Rechtsnatur der Studentenschaft, S. 90 ff. (93).

[8] *Jörg*, Die Freiheit politischer Betätigung ausländischer Studierender an deutschen Hochschulen, DVBl. 1965, S. 471 (473).

[9] *Fries*, Die Rechtsstellung des Studenten innerhalb der wissenschaftlichen Hochschule, S. 110.

[10] Die den Studenten zur Mitwirkung offenstehenden Gremien und Organe der Hochschulen werden jeweils nach den entsprechenden Vorschriften angegeben; *Hessisches Universitätsgesetz* i. d. F. vom 6. 12. 1974 (GVBl. I S. 603), § 14 (Konvent), § 15 (Vorstand des Konvents), § 17 (Senat), § 19 (Ständige Ausschüsse); *Niedersächsisches Vorschaltgesetz* für ein Gesamthochschulgesetz i. d. F. vom 12. 11. 1973 (GVBl. S. 430), § 1 i. V. m. § 3 (Konzil, Senat, Verwaltungsausschuß, Fakultätsrat, Fachbereichsrat); *Nordrhein-Westfälisches Hochschulgesetz* vom 7. 4. 1970 (GVBl. S. 254), geändert am 30. 5. 1972 (GVBl. S. 134) und durch Gesetz vom 31. 7. 1974 (GVBl. S. 769), § 32 (Senat), § 33 (Konvent); *Rheinland-Pfälzisches Hochschulgesetz* vom 22. 12. 1970 (GVBl. 1971 S. 5), geändert: 27. 2. 1973 (GVBl. S. 44) und durch Gesetz vom 17. 12. 1974 (GVBl. S. 630), § 38 (Versammlung), § 40 (Senat), § 47 (Fachbereichsrat); *Saarländisches Universitätsgesetz* vom 7. 7. 1971 (ABl. S. 506), § 20 (Konzil); *Schleswig-Holstein: Hochschulgesetz* vom 2. 5. 1973 (GVBl. S. 153), zuletzt geändert durch Gesetz vom 9. 12. 1974 (GVBl. S. 176), § 39 i. V. m. § 23 (Senat), § 37 i. V. m. § 23 (Konsistorium); *Baden-Württembergisches Hochschulgesetz* i. d. F. vom 27. 7. 1973 (GBl. ber. 376 und 487), geändert durch Gesetz vom 26. 11. 1974 (GVBl. S. 508), § 19 (Großer Senat), § 20 (Senat), § 21 (Verwaltungsrat); *Bayerisches Hochschulgesetz* vom 21. 12. 1973 (GVBl. S. 679, ber. 1974, S. 45), geändert durch Gesetz vom 8. 8. 1974 (GVBl. S. 383) Art. 18 (Versammlung), Art. 19 (Senat), Art. 20 (Ausschüsse), Art. 21 (Ständige Kommission), Art. 23 (Kuratorium); *Universitätsgesetz Berlins* vom 16. 7. 1969 (GVBl. S. 909), § 10 (Senat), § 12

Sowohl in den Organen der Studentenschaft wie in den universitären Selbstverwaltungsorganen wird In- und Ausländern gleichermaßen das aktive und passive Wahlrecht eingeräumt[11]. Mit dieser Regelung in den Hochschulgesetzen der Länder wird einer alten Rechtsansicht entsprochen, nach der alle immatrikulierten Studenten — unbeschadet ihrer Staatsangehörigkeit — vollberechtigte akademische Bürger sind[12].

Zum Teil[13] werden dagegen Bedenken erhoben, ob die — gegenüber ausländischen Studenten — aus der Eigenart der Wissenschaftspflege gerechtfertigte Gewährung des Wahlrechts und der Anwartschaft auf Organstellen im Rahmen der studentischen Selbstverwaltung vorbehaltlos auch für das passive Wahlrecht von Nicht-Deutschen anerkannt werden kann.

Stellt man auf die Aufgaben der studentischen Organe ab[14], so ist zuzugeben, daß diese nicht unmittelbar der Wissenschaftspflege dienen[15]. Vielmehr sind eine volle Vertrautheit mit den sozialen und kulturellen Verhältnissen und eine genaue Kenntnis der Organisation und der Belange der Universität erforderlich, die zwar nicht notwendigerweise von der Staatsangehörigkeit abhängen, aber auch nicht ohne weiteres bei einem nur vorübergehend an einer deutschen wissenschaftlichen Hochschule studierenden Ausländer vorausgesetzt werden können[16].

Im Hochschulbereich handelt es sich um einen — wenn auch relativ begrenzten und überschaubaren — Bereich öffentlicher Verwaltung, in dem den Organen Entscheidungsbefugnisse und das Recht zum Erlaß von Verwaltungsakten eingeräumt sind.

Nach den Verfassungen zahlreicher Universitäten werden jedoch neben den ausländischen Studenten auch die nicht zum Lehrkörper gehörenden Beamten, Angestellten und Arbeiter als Mitglieder der Universität betrachtet[17].

Da ihr Anteil bisweilen erheblich ist, kommt dem Umstand, daß auch ihnen körperschaftliche Mitwirkungsrechte im Selbstverwaltungsbe-

(Ständige Kommission), § 13 (Konzil), § 16 (Fachbereichsrat); *Hamburgisches Universitätsgesetz* i. d. F. 24. 4. 1973 (GVBl. S. 127), § 29 (Akademischer Senat), § 38 (Universitätskonzil), § 43 (Fachbereichsrat).

[11] *Gerber*, Das Recht der wissenschaftlichen Hochschulen in der jüngsten Rechtsentwicklung, S. 124.

[12] *Köttgen*, Deutsches Universitätsrecht, S. 161, 162; *Bartsch*, Die Studentenschaft in der Bundesrepublik Deutschland, S. 35.

[13] So besonders *Gerber*, Das Recht der wissenschaftlichen Hochschulen, Bd. 1, S. 124 unter Hinweis auf frühere abweichende Regelungen in Fußn. 91 a (Bd. 2, S. 225).

[14] *Adam*, Studentenschaft und Hochschule, S. 15 ff.

[15] *Schmitt-Glaeser*, Die Rechtsstellung der Studentenschaften, S. 14 ff.

[16] *Dolde*, Die politischen Rechte der Ausländer, S. 86.

[17] *Thieme*, Deutsches Hochschulrecht, S. 150.

reich[18] der Universität zugestanden werden, eine nicht zu unterschätzende Bedeutung zu. Sie erhalten damit ein Mitspracherecht und eine Mitwirkungsmöglichkeit in einem wesentlichen Bereich der öffentlichen Verwaltung[19].

Für ausländische Hochschullehrer gelten — da Mitglieder des Lehrkörpers in der Bundesrepublik Deutschland grundsätzlich Beamte sind[20] — die einschlägigen Bestimmungen der Beamtengesetze.

In das Beamtenverhältnis darf danach nur berufen werden, wer — neben anderen Voraussetzungen — Deutscher im Sinne des Art. 116 GG ist[21].

Von diesem Grundsatz können nach den Ausnahmevorschriften des Beamtenrechts nur dann Ausnahmen zugelassen werden, wenn für die Gewinnung eines Beamten ein dringendes dienstliches Bedürfnis besteht[22].

Da das Hochschulrecht hinsichtlich der körperschaftlichen Rechte keinen Unterschied zwischen ausländischen und inländischen Mitgliedern kennt, ist sowohl für ausländische Studenten wie für die Gruppe ausländischer Bediensteter der Universität (nicht zum Lehrkörper gehörender Beamter, Angestellter und Arbeiter) sowie die ausländischen Hochschullehrer in diesem Bereich öffentlicher Verwaltung die volle korporationsrechtliche Gleichstellung mit den Deutschen gewährleistet.

Die Frage politischer Mitspracherechte der ausländischen Arbeitnehmer stellt sich im besonderen auch im öffentlichen Dienst, in dem der Anteil der ausländischen Arbeitnehmer in einigen Dienstleistungsbereichen (Pflege- und Hilfspersonal in Krankenhäusern, Straßenbau, Straßenreinigung und Müllabfuhr) bereits 50 % und mehr beträgt[23].

2.2. Öffentlicher Dienst

Am 12. Dezember 1973 hat der Deutsche Bundestag das bislang geltende Personalvertretungsgesetz dahingehend geändert, daß nunmehr auch ausländischen Arbeitnehmern das passive Wahlrecht im öffentli-

---

[18] Siehe auch *Weber*, Selbstverwaltungskörperschaften in der Rechtsprechung des Bundesverfassungsgerichts — Die Selbstverwaltung der Hochschulen, in: Bundesverfassungsgericht und Grundgesetz, 2. Band, 1976, S. 331 ff. (350).

[19] Siehe dazu auch *Dolde*, Die politischen Rechte der Ausländer, S. 84.

[20] *Weber*, Die Rechtsstellung des deutschen Hochschullehrers, S. 30.

[21] § 4 Abs. 1 Nr. 1 BRRG = Rahmengesetz zur Vereinheitlichung des Beamtenrechts (Beamtenrechtsrahmengesetz in der Fassung vom 17. 7. 1971); § 7 Abs. 1 Nr. 1 BBG = Bundesbeamtengesetz in der Fassung vom 17. 7. 1971.

[22] § 4 Abs. 2 BRRG, § 7 Abs. 2 BBG.

[23] *Henkel, Joachim*, Integration und Repräsentation ausländischer Arbeitnehmer, S. 94.

chen Dienst eingeräumt wird[24]. Der Annahme dieses Gesetzes waren intensive Erörterungen vorausgegangen, wobei insbesondere die Frage gestellt wurde, ob — wegen des besonderen Sicherheitsbedürfnisses des öffentlichen Dienstes — ausländischen Arbeitnehmern das passive Wahlrecht gar verweigert werden müsse. Die Koalitionsfraktionen von SPD und FDP hatten am 13. Februar 1973[25] einen Entwurf eines Bundespersonalvertretungsgesetzes (BPersVG) eingebracht, in dem es in § 13 u. a. hieß, daß wählbar alle Wahlberechtigten sind, die am Wahltage das Wahlrecht für den Deutschen Bundestag besitzen. So sollte zwar nach diesem Entwurf wegen des besonderen Sicherheitsbedürfnisses der öffentlichen Verwaltung an dieser Voraussetzung — bezogen auf das passive Wahlrecht — festgehalten werden; zugleich jedoch wurde in § 65 dieses Entwurfes den ausländischen Bediensteten die Möglichkeit eingeräumt, Vertrauensmänner zu ihrer Interessenvertretung zu wählen. Bei einer öffentlichen Anhörung des Innenausschusses am 21. März 1973 wurden gegen eine solche Regelung Bedenken erhoben, da ein Vertrauensmann — wie im Gesetzentwurf vorgesehen — nicht die notwendige Vertrauensbasis herstellen könne und im Bewußtsein der ausländischen Arbeitnehmer doch weiterhin ein „Unterprivilegierter" bleiben müsse[26]. Insbesondere wurde darauf verwiesen, daß ein derartiger Vertrauensmann nicht an den Personalratssitzungen teilnehmen und über die Probleme der ausländischen Arbeitnehmer mit abstimmen könne. Namentlich der DGB und die DAG setzten sich für die Gewährung des passiven Wahlrechts für ausländische Arbeitnehmer im öffentlichen Dienst ein[27]. Die CDU/CSU Fraktion sprach sich in ihrem Änderungsantrag vom 12. Dezember 1973[28] zur zweiten Beratung des von der SPD/FDP eingebrachten Entwurfs eines Bundespersonalvertretungsgesetzes für die Anknüpfung des passiven Wahlrechts zum Personalrat an den Besitz des Wahlrechts zum Deutschen Bundestag, insbesondere also an die deutsche Staatsbürgerschaft, aus. Diesem Vorschlag lag die Vorstellung zugrunde, daß die Interessen der ausländischen Beschäftigten insbesondere durch die zu § 65 vorgeschlagene besondere Vertretung mit den zu §§ 33, 38 und 39 vorgeschlagenen Initiativ-, Einspruchs-, Beratungs- und Teilnahmerechten sachgerechter und wirksamer wahrgenommen werden könnten als durch die formale Gleichstellung hinsichtlich des passiven Wahlrechts[29]. Beide Entwürfe standen nicht im Widerspruch zum

[24] BT — Sten. Ber. vom 12. 12. 1973, S. 4339 Bundespersonalvertretungsgesetz vom 15. 3. 1974.

[25] BT-Drs. 7/176.

[26] Reform des Personalvertretungsgesetzes. Aus der öffentlichen Anhörung des Innenausschusses des Deutschen Bundestages, in: Zur Sache 3/73, hrsg. vom Presse- u. Informationszentrum des Deutschen Bundestages, S. 149.

[27] Siehe Fußn. 26, S. 86, S. 115.

[28] BT-Drs. 7/1403, S. 1.

[29] BT — Sten. Ber. vom 12. 12. 1973, S. 4334.

EWG-Vertrag, da gemäß Art. 48 Abs. 4 des Vertrages die Bestimmungen über die Freizügigkeit der Arbeitnehmer keine Anwendung auf die in der öffentlichen Verwaltung Beschäftigten finden. Auf einen mehrheitlichen Beschluß des Innenausschusses hin, ausländischen Beschäftigten neben dem aktiven auch das passive Wahlrecht zu gewähren, um auf diese Weise ihre Integration im Gastland zu fördern und sie stärker als bisher in Staat und Gesellschaft einzubinden, hat der Bundestag schließlich am 12. Dezember 1973 das Bundespersonalvertretungsgesetz verabschiedet, mit dem die Ausländer den Inländern rechtlich gleichgestellt werden[30]. Auch die Bundesländer sind in den letzten Jahren dazu übergegangen, in ihren Personalvertretungsgesetzen ausländischen Beschäftigten neben dem aktiven auch das passive Wahlrecht im öffentlichen Dienst zu gewähren. Eine Gesamtübersicht[31] über die Gesetzeslage in den einzelnen Bundesländern zeigt, daß nur noch Bayern und Baden-Württemberg die Wählbarkeit zum Personalrat an den Besitz des Wahlrechts zum Deutschen Bundestag knüpfen.

2.3. Sozialversicherungsträger

Zu den Vertreterversammlungen bei den Sozialversicherungsträgern wird — neben deutschen — auch ausländischen Arbeitnehmern, die sozialversichert sind, gemäß § 16 Abs. 1 des Gesetzes über die Selbstverwaltung auf dem Gebiet der Sozialversicherung das aktive Wahlrecht gewährt[32]. Zur Wählbarkeit wird allerdings in § 17 I Nr. 2 ausgeführt, daß der Versicherungsträger das Wahlrecht zum Deutschen Bundestag besitzen muß. Dieses besitzt der Ausländer jedoch gemäß § 12 BWahlG

[30] Bundespersonalvertretungsgesetz vom 15. 3. 1974 (BGBl. I 1974, S. 693), § 13, § 14.

[31] Personalvertretungsgesetze der Länder; die aufgeführten Paragraphen betreffen die Regelung der aktiven (an erster Stelle benannt) und passiven Wahlberechtigung; Bremisches Personalvertretungsgesetz vom 5. 3. 1974 (Brem. GBl. S. 131), § 9 I, § 10 I; Hamburgisches Personalvertretungsgesetz in der Fassung vom 20. 1. 1976 (GVBl. S. 15), § 11 I, § 12 I; Personalvertretungsgesetz für Rheinland-Pfalz in der Fassung vom 5. 3. 1971 (GVBl. S. 93), § 9 I, § 10 I; Personalvertretungsgesetz für Schleswig-Holstein vom 9. 2. 1954 in der Fassung vom 14. 11. 1969 (GVBl. S. 225), § 7 I, § 8 I; Personalvertretungsgesetz für Nordrhein-Westfalen vom 3. 12. 1974 (GV. NW. 1974, S. 1514), § 10 I, § 11 I; Personalvertretungsgesetz für das Saarland vom 9. 5. 1973 in der Fassung des Gesetzes Nr. 1012 vom 13. 11. 1974 (Amtsbl. S. 1011), § 12 I, § 13 I; Hessisches Personalvertretungsgesetz vom 23. 12. 1959 (GVBl. S. 83) in der Fassung vom 19. 2. 1970 (GVBl. I, S. 162), § 9 I, § 10 I; Niedersachsen (Gesetz vom 24. 4. 1972 (GVBl. 1972, S. 231), § 9 I, § 10 I; Berlin, Gesetz vom 26. 7. 1974 (GVBl. S. 1669), § 12 I, § 13 I; Personalvertretungsgesetz für das Land Baden-Württemberg in der Fassung vom 1. 10. 1975 (GBl. S. 693), § 11 I, § 12 I Nr. 3; Bayerisches Personalvertretungsgesetz vom 29. 4. 1974 (Bay. GVBl. 1974, S. 157), § 13 I, § 14 I.

[32] Selbstverwaltungsgesetz in der Fassung vom 23. 8. 1967 (BGBl. I, S. 917), geändert durch Gesetz vom 7. 8. 1973 (BGBl. I, S. 957).

nicht, so daß aufgrund der vorgenannten Bestimmungen das passive Wahlrecht zu den Vertreterversammlungen der Sozialversicherungsträger (Kranken-, Renten-, Unfall- und Knappschaftsversicherung) den Ausländern verwehrt und allein den deutschen Sozialversicherten vorbehalten ist[33].

2.4. Betriebsräte

Die Beteiligungsrechte der Arbeitnehmervertretungen in privatwirtschaftlichen Betrieben mit fünf oder mehr Arbeitnehmern sind im Betriebsverfassungsgesetz vom 15. Januar 1972 geregelt[34].

Danach sind in derartigen Betrieben Betriebsräte zu bilden, deren Mitglieder von allen Arbeitnehmern des Betriebes in geheimer und unmittelbarer Wahl gewählt werden (§ 14 Betriebsverfassungsgesetz). Der Betriebsrat hat weitgehende Beteiligungsrechte in sozialen und personellen Angelegenheiten. Gemäß § 87 stehen ihm weitgehende Mitbestimmungsbefugnisse in folgenden sozialen Angelegenheiten zu:

Ordnung des Betriebes, Beginn und Ende der Arbeitszeit sowie vorübergehende Verkürzung oder Verlängerung der betriebsüblichen Arbeitszeit, Aufstellung allgemeiner Urlaubsgrundsätze, Gesundheitsschutz, Fragen der betrieblichen Lohngestaltung, um nur einige Beispiele zu nennen.

Personelle Einzelmaßnahmen bedürfen gemäß § 99 Betriebsverfassungsgesetz grundsätzlich der Zustimmung des Betriebsrates. Eine Einflußnahme des Betriebsrates auf die wirtschaftlichen und unternehmerischen Entscheidungen des Betriebes ist im Betriebsverfassungsgesetz nicht vorgesehen. Die Einflußmöglichkeiten der Arbeitnehmer über den Betriebsrat sind durch das Betriebsverfassungsgesetz vom 15. Januar 1972 wesentlich erweitert worden.

Um so bedeutender ist die Beantwortung der Frage, wer nach geltender gesetzlicher Rechtslage in den Betriebsrat gewählt werden kann. Das Betriebsverfassungsgesetz vom 11. Oktober 1952[35] räumte im § 6 allen Arbeitnehmern — Arbeitern und Angestellten — in den Betrieben, unbeschadet ihrer Staatsangehörigkeit, zwar das aktive Wahlrecht zum Betriebsrat ein, knüpfte jedoch das passive Wahlrecht (§ 7) an den Besitz des Wahlrechts zum Deutschen Bundestag. Damit waren Ausländer vom passiven Wahlrecht zu den Betriebsräten zu dieser Zeit ausgeschlossen. Aufgrund der Verordnung Nr. 1612/68 (EWG)[36] des Rates über die Frei-

---

[33] Zur Stellung der ausländischen Arbeitnehmer im Sozialrecht siehe *Milke*, Rechtsprobleme der ausländischen Arbeitnehmer, S. 86.

[34] BGBl. I (1972), S. 13.

[35] BGBl. I (1952), S. 681.

[36] ABl. EG L 257 vom 19. 10. 1968.

zügigkeit der Arbeitnehmer innerhalb der Gemeinschaft vom 15. Oktober 1968 wurde nunmehr auch ausländischen Arbeitnehmern aus den übrigen Mitgliedstaaten der Europäischen Gemeinschaften das passive Wahlrecht zum Betriebsrat eingeräumt, so daß diese von diesem Zeitpunkt ab den Deutschen als Arbeiter und Angestellte in den Betrieben rechtlich völlig gleichgestellt waren[37]. Nicht berücksichtigt wurden durch diese Regelung die Arbeitnehmer, die aus Staaten außerhalb der Europäischen Gemeinschaften kamen. Für sie wurde erst mit dem Betriebsverfassungsgesetz vom 15. Januar 1972[38] die unterschiedliche Behandlung bei der Wahl zu den Betriebsräten beseitigt, so daß zum gegenwärtigen Zeitpunkt allen deutschen und ausländischen Arbeitnehmern ohne Unterschied das aktive[39] und passive[40] Wahlrecht zum Betriebsrat gewährt wird[41].

Die Erfahrung hat gezeigt, daß der Erfolg der ausländischen Kandidaten bei Betriebsratswahlen[42] fast ausschließlich über die Listen der dem DGB angehörenden Gewerkschaften ermöglicht wird[43]. Nachfolgend soll die Rechtsstellung der ausländischen Arbeitnehmer in den Gewerkschaften der Bundesrepublik dargestelt werden.

2.5. Gewerkschaften

Die deutschen Gewerkschaften stehen allen ausländischen Arbeitnehmern offen.

Die Gewerkschaften gehören nicht zur institutionell geordneten Staatsorganisation wie etwa das Parlament, die Regierung und das Bundesverfassungsgericht[44]. Sie sind vielmehr in den Bereich des „Öffentlichen"

---

[37] Zur Frage der „Förderung der Mitwirkung der Arbeitnehmer oder ihrer Vertreter am Leben der Unternehmen und Betriebe" hat die Kommission zu dem bisher wichtigsten Vorschlag in dieser Beziehung, die 5. Richtlinie über die Struktur der Aktiengesellschaften (Beilage 10/72 zum Bulletin der EG) in einem im November 1975 veröffentlichten „Grünbuch" (Beilage 8/75 zum Bulletin der EG, bes. S. 43 ff.) erklärt, daß sie zur Zeit wenig Chancen für ein für alle Mitgliedstaaten akzeptables Mitbestimmungsmodell sehe (EuR 1976), S. 181.

[38] BGBl. I (1972), S. 13.

[39] § 7 Betriebsverfassungsgesetz.

[40] § 8 Betriebsverfassungsgesetz.

[41] Zur Wählbarkeit von Arbeitnehmern in Unternehmen, in denen die Arbeitnehmer ein Mitbestimmungsrecht nach Maßgabe des Mitbestimmungsgesetzes haben, siehe das Mitbestimmungsgesetz vom 4. 5. 1976, BGBl. I (1976), S. 1153, § 7 Abs. 3, § 10 Abs. 3 und 4 mit Bezugnahme auf § 8 des Betriebsverfassungsgesetzes.

[42] Siehe dazu den Beschluß des Landesarbeitsgerichts Frankfurt vom 5. 7. 1965, Der Betrieb 1965, S. 1746.

[43] *Henkel*, Integration und Repräsentation, S. 93.

[44] *Liesegang*, Gewerkschaften in der Bundesrepublik Deutschland, S. 27.

eingeordnet, in dem nichtstaatliche Gruppen für die Gesamtheit wichtige Befugnisse zugewiesen erhalten[45]; sie befinden sich somit in einer Zwischenstellung zwischen dem staatlichhoheitlichen und dem gesellschaftlichprivaten Bereich. Unter dem Aspekt der formalen Rechtsstellung betrachtet sind die Gewerkschaften — historisch bedingt — als nicht rechtsfähige Vereine organisiert.

Die Position der Gewerkschaften unter den Ausländern verfestigte sich im Laufe der Jahre durch die Organisierung eines großen Teils von ihnen. Erreichte der Organisationsstand 1966 die Zahl von 200 000, also 15 Prozent der damals Beschäftigten, so sind heute bereits 20 - 25 Prozent der ausländischen Arbeitnehmer den Gewerkschaften beigetreten[46]. Die Bundesrepublik Deutschland hat in den zurückliegenden Jahren mehrere völkerrechtliche Übereinkommen ratifiziert, in denen allen Arbeitnehmern das Recht auf freien Zugang zu den Gewerkschaften eingeräumt wird. Eine Differenzierung unter dem Gesichtspunkt der Staatsangehörigkeit wird nicht vorgenommen.

Am 9. Juli 1948 kam im Rahmen der Internationalen Arbeitsorganisation ein Übereinkommen über die Vereinigungsfreiheit und den Schutz des Vereinigungsrechts zustande. Art. 2 dieses Übereinkommens besagt:

> „Die Arbeitnehmer und die Arbeitgeber ohne jeden Unterschied haben das Recht, ohne vorherige Genehmigung Organisationen nach eigener Wahl zu bilden und solchen Organisationen beizutreten, wobei lediglich die Bedingung gilt, daß sie deren Satzungen einhalten[47]."

Ferner wurde von der Bundesrepublik Deutschland am 23. Dezember 1955 das von der Allgemeinen Konferenz der Internationalen Arbeitsorganisation am 1. Juli 1949 angenommene Übereinkommen über die Anwendung der Grundsätze des Vereinigungsrechts und des Rechts zu Kollektivverhandlungen ratifiziert[48].

In dem Internationalen Pakt vom 19. Dezember 1966 über wirtschaftliche, soziale und kulturelle Rechte verpflichten sich die Vertragsstaaten gemäß Art. 8 (1) a),

> „das Recht eines jeden zu gewährleisten, zur Förderung und zum Schutz seiner wirtschaftlichen und sozialen Interessen Gewerkschaften zu bilden oder einer Gewerkschaft eigener Wahl allein nach Maßgabe ihrer Vorschriften beizutreten[49]."

---

[45] *Scheuner*, Die Rolle der Sozialpartner in Staat und Gesellschaft, S. 22.

[46] *Homer Anagnostidis*, Gewerkschaften und Ausländerbeschäftigung, in: Gastarbeiter, Analysen und Berichte, S. 104 (114).

[47] Nr. 87 vom 9. 7. 1948, U. N. T. S. 68, S. 17 = BGBl. 1956 II, S. 2073.

[48] Nr. 98 vom 1. 7. 1949, U. N. T. S. 96, S. 257 = BGBl. II, S. 1123.

[49] BGBl. 1973 II, S. 1569.

Freier Zugang zu den Gewerkschaften wird auch im Internationalen Pakt vom 19. Dezember 1966 über bürgerliche und politische Freiheiten postuliert. Art. 22 führt dazu aus:

> „Jedermann hat das Recht, sich frei mit anderen zusammenzuschließen sowie zum Schutz seiner Interessen Gewerkschaften zu bilden und ihnen beizutreten[50]."

Auch wenn diese internationalen Übereinkommen noch nicht von der für das Inkrafttreten erforderlichen Anzahl von Staaten ratifiziert wurde, zeigt sich an der völkerrechtlichen Praxis der Bundesrepublik Deutschland deutlich, daß in diesem Bereich der Integration der Ausländer keine Hindernisse im Wege stehen.

Da die Gewerkschaften den Ausländern ihre Tore geöffnet haben, konnte die „Gefahr" der Bildung von „Gastarbeitergewerkschaften" und der Spaltung der gewerkschaftlichen Bewegung, die bei längerer Aufenthaltsdauer, wachsender Eingewöhnung und damit verbundener allmählicher Abkehr von den Problemen des Heimatlandes zunimmt, gebannt werden.

Es bleibt festzustellen, daß die Integration der ausländischen Arbeitnehmer in Betrieb und Gewerkschaft bereits weitgehend vollzogen ist.

Abschließend sollen die Mitwirkungsmöglichkeiten von Ausländern in den politischen Parteien der Bundesrepublik Deutschland dargestellt werden.

2.6. Parteien

Die rechtliche Stellung des Ausländers in den politischen Parteien ist für die Bundesrepublik Deutschland im Parteiengesetz[51] geregelt.

Aus einem Umkehrschluß aus § 2 Abs. 3 Nr. 1 des Parteiengesetzes ergibt sich, daß die deutschen Parteien Ausländer aufnehmen können. Parteien sind nach § 2 Abs. 1 Parteiengesetz „Vereinigungen von Bürgern, die dauernd oder für längere Zeit für den Bereich des Bundes oder eines Landes auf die politische Willensbildung Einfluß nehmen und an der Vertretung des Volkes im Deutschen Bundestag oder einem Landtag mitwirken wollen", sofern sie eine gewisse organisatorische Gewähr für die Ernsthaftigkeit ihrer Zielsetzungen bieten.

„Wenn der Status der Parteien nicht der eines staatlichen Organs sein kann, so bedeutet das angesichts ihrer verfassungsmäßigen Aufgaben nicht, daß die rechtliche Stellung der Parteien keine andere sei als die eines privaten Vereins[52]."

---

[50] BGBl. 1973 II, S. 1533.

[51] Gesetz über die politischen Parteien (Parteiengesetz) vom 24. 7. 1967 (BGBl. I, S. 773), zuletzt geändert durch Gesetz vom 24. 7. 1974 (BGBl. I, S. 1537).

Von allen Verbänden sind die Parteien die „staatsnächsten", die zwar nicht den staatlichen Willen bilden, ihn aber erheblich beeinflussen und vorformen. Durch den Verfassungsgeber sind sie aus dem Bereich des Politisch-Soziologischen der übrigen sozialen Gebilde im Staat herausgehoben und in das Verfassungsgefüge einbezogen[53].

Damit sind die Parteien jedoch weder in den Bereich der organisierten Staatlichkeit eingegliedert worden, noch sind sie hierdurch zu staatlichen Institutionen oder zu Verfassungsorganen im rechtlichen Sinne geworden. Parteien besitzen einen singulären öffentlich-rechtlichen Status, der im Übergangsbereich vom „Nicht-Staatlichen" zum „Staatlichen" angesiedelt ist[54].

In Art. 21 I GG wird jeder Partei die Befugnis zugesichert, bei der politischen Willensbildung des Volkes mitzuwirken[55], ohne daß dadurch von den Parteien selbst die dem Staatsvolk und seinen Mitgliedern vorbehaltene Staatsgewalt ausgeübt würde. Von daher läßt sich weder aus Art. 21 GG noch aus dem Grundsatz der Volkssouveränität ein Verbot der Mitgliedschaft von Ausländern in den politischen Parteien ableiten[56].

Gemäß § 10 Abs. 2 Satz 1 PartG. haben Ausländer das gleiche Stimmrecht wie Inländer[57]. Dieser Grundsatz gilt nicht unbeschränkt. Das den Parteien eingeräumte Recht, Wahlbewerber für Bundestags-, Landtags- und Kommunalwahlen zu präsentieren, hat zur Folge, daß die Parteimitglieder auf diese Weise unmittelbar Einfluß auf die staatliche Willensbildung gewinnen.

Da das Recht der Kandidatenaufstellung mithin integrierender Bestandteil des Wahlrechts ist, sind lediglich wahlberechtigte Parteimitglieder zur Ausübung und Wahrnehmung dieses Rechts befugt. Ausländische Mitglieder können weder als Delegierte benannt werden noch im Rahmen der Kandidatenaufstellung mitentscheiden[58]. In § 2 Abs. 3 Nr. 1 PartG. heißt es, daß politische Vereinigungen nicht Parteien sind, wenn ihre Mitglieder oder die Mitglieder ihres Vorstandes in der Mehrheit Ausländer sind[59]. Daraus läßt sich im Umkehrschluß folgern, daß auch Ausländer Vorstandsmitglieder einer Partei auf Bundes- und Landes-

---

[52] So *Hesse*, Grundzüge des Verfassungsrechts der Bundesrepublik Deutschland, S. 73.

[53] *Säcker*, Das politische Mandat in der repräsentativen Demokratie, S. 40.

[54] *Hesse*, Grundzüge des Verfassungsrechts der Bundesrepublik Deutschland, S. 73.

[55] *Piepenstock* sieht darin ein Freiheitsrecht gegenüber dem Staat; *Piepenstock*, Politische Vereinigungen unter dem Grundgesetz, S. 15.

[56] *Henkel*, Integration und Repräsentation, S. 91.

[57] Siehe dazu auch: BT — Sten. Ber. vom 1. 10. 1971, S. 807.

[58] Vgl. § 17 PartG. i. V. m. § 21 und § 12 Abs. 1 des Bundeswahlgesetzes.

[59] Siehe dazu auch *Dolde*, Die politischen Rechte der Ausländer, S. 142.

ebene sein können. Durch die Vorstandsklausel sollen mithin Ausländer nicht vollständig aus dem Vorstand ferngehalten, sondern lediglich ihre Dominanz in diesem Gremium vermieden werden.

Weitere Beschränkungen für die Mitwirkung ausländischer Mitglieder in den politischen Parteien gibt es nach geltendem Recht nicht.

3. Abschließende Stellungnahme

Die Bestandsaufnahme der politischen Mitspracherechte der Ausländer in der Bundesrepublik Deutschland hat erbracht, daß zwar von einer vollständigen Integration der Ausländer im politischen System der Bundesrepublik Deutschland noch nicht gesprochen werden kann, den Ausländern aber bereits heute nach der geltenden Verfassung und sonstigen Rechtslage in wesentlichen gesellschaftlichen Institutionen der Bundesrepublik Deutschland Mitsprache und Repräsentanz gewährt werden.

Der tatsächliche Einfluß der Ausländer auf die Gestaltung des politischen und gesellschaftlichen Lebens in der Bundesrepublik Deutschland ist in den exemplarisch ausgewählten Bereichen graduell sehr verschieden; das Wahlrecht zu den Gebietskörperschaften stellt gewiß die am weitesten gehende Form der Mitsprache in wesentlichen Entscheidungsprozessen in Staat und Gesellschaft dar.

Die Tatsache jedoch, daß in einigen bedeutenden gesellschaftlichen Organisationsformen der Bundesrepublik Deutschland bereits weitgehende politische Mitspracherechte der Ausländer festgestellt werden konnten, läßt die Gewährung des Kommunalwahlrechts an Ausländer nicht als isolierte Rechtsverleihung, sondern — eingebettet in ein System bereits übertragener und gewährter politischer Mitspracherechte — als einen weiteren Schritt zu einer vollständigen politischen Integration der Ausländer erscheinen.

Vor diesem Hintergrund erweist sich die Forderung nach Ausländerwahlrecht zu den Kommunalparlamenten insbesondere auch unter dem Aspekt einer verstärkten europäischen Integration bereits zum gegenwärtigen Zeitpunkt als realistisch.

Zweiter Teil

Die Wahlberechtigung von EG-Bürgern auf Gemeindeebene in den Staaten der Europäischen Gemeinschaften

Einleitung

Die Entwicklung zu einem wirtschaftlich und politisch geeinten Europa berührt die Gemeinden in einem bisher viel zu wenig beachteten Ausmaß[1]. Auf der Ebene der Gemeinden erscheint bereits beim gegenwärtigen Stand der Integration eine gemeinschaftliche Regelung des Kommunalwahlrechts für EG-Bürger sachgerecht und die politische Forderung nach dieser Regelung realistisch.

Daher sollen in der folgenden rechtsvergleichenden Studie für alle Staaten der Europäischen Gemeinschaften — so wie dies für die Bundesrepublik Deutschland bereits im ersten Teil der Arbeit geschehen ist — unter Aussparung des Wahlrechts auf nationaler und regionaler Ebene rechtliche Überlegungen darüber angestellt werden, inwieweit es den Mitgliedstaaten möglich ist, das aktive und passive Wahlrecht im Rahmen der Kommunalwahlen Angehörigen der übrigen Mitgliedstaaten zu verleihen, die sich in ihrem Hoheitsgebiet aufhalten.

Die personelle Beschränkung auf Angehörige der Mitgliedstaaten der Europäischen Gemeinschaften ergibt sich aus ihrem marktbürgerlichen Status, der ihnen, soweit es die ökonomischen Ziele der Gemeinschaft erfordern, weitgehende Einreise- und Auftenhaltsrechte gewährt und zu einem Rechtsanspruch auf die Aufenthaltserlaubnis führt[2].

Nachfolgend werden — in einem jeweils kurzen Abriß — die Gemeindeorgane und die wichtigsten Gemeindeaufgaben in allen Mitgliedstaaten der Europäischen Gemeinschaften aufgezeigt. Diese Gegenüberstellung mit anschließendem Vergleich der wesentlichen Ähnlichkeiten und Unterschiede in den Gemeindeverfassungen der EG-Staaten erweist sich in diesem Zusammenhang als sinnvoll und zwingend, da die Frage

---

[1] Siehe Gemeindeordnungen in Europa, S. 1.

[2] So auch *Sasse*, Kommunalwahlrecht für Ausländer?, S. 54 und S. 55, insbesondere dort auch Fußn. 155.

der Zuerkennung des Wahlrechts auf Gemeindeebene nur im Lichte der von den Gemeindeorganen auf kommunaler Ebene ausgeübten Funktionen gesehen und beurteilt werden kann. Von besonderem Interesse ist dabei, inwieweit die kommunalen Verfassungsstrukturen in den Staaten der Europäischen Gemeinschaften sich ähneln, Organe und Funktionen einander gleichen, denn nur unter diesem Gesichtspunkt ist die Frage zu beantworten, ob die den Ausländern durch eine Zuerkennung des Kommunalwahlrechts gewährte Einflußnahme auf das kommunalpolitische Geschehen in den Staaten der Gemeinschaften in etwa identisch ist und somit die Mitgliedstaaten durch eine gemeinschaftliche europäische Regelung in diesem Sinne annähernd in gleichem Umfang betroffen werden.

An eine Beschreibung der Verfassungen der Gemeinden in den Mitgliedstaaten der Europäischen Gemeinschaften schließt sich eine Darstellung der Regeln über das aktive und passive Wahlrecht auf dieser Ebene an. Ziel und Zweck dieser Untersuchung ist es, aus den gewonnenen Erkenntnissen Lösungsmöglichkeiten abzuleiten und Vorschläge für die verstärkte Integration der Angehörigen der Mitgliedstaaten der Europäischen Gemeinschaften durch ihre Beteiligung an den Wahlen betreffend die Selbstverwaltungsorgane auf unterster Ebene der einzelnen EG-Staaten zu unterbreiten.

Erster Abschnitt

Die kommunalen Verfassungsstrukturen in den Staaten der Europäischen Gemeinschaften im Hinblick auf die Möglichkeit einer gemeinschaftlichen Regelung des Kommunalwahlrechts für Ausländer

Im Rahmen der Darstellung der Gemeindeverfassungen[1] der Mitgliedstaaten der Europäischen Gemeinschaften wird zum Zweck der Übersichtlichkeit und Vergleichbarkeit weitgehend ein einheitliches Schema verwandt.

Zunächst werden die Gemeindeorgane dargestellt — die Beschlußfassungsorgane (Organe gesetzgebenden Charakters) und die Verwaltungsorgane (Bürgermeister, Kollegialorgane) —, anschließend die Befugnisse der Gemeinden aufgezeigt.

1. Die Gemeindeorgane und Befugnisse der Gemeinden in den Gemeindeverfassungen

1.1. Belgien

In Belgien gibt es in jeder Gemeinde ein beratendes und beschließendes Organ, den Gemeinderat (conseil communal). Unter seine Zuständigkeit fällt grundsätzlich alles, was von kommunalem Interesse ist (Art. 75, Loi communale[2]; vgl. auch Art. 31 und 108 II der Verfassung[3]). Die Mitglieder des Gemeinderates werden von den wahlberechtigten Bürgern auf sechs Jahre in direkter Wahl gewählt.

In jeder belgischen Gemeinde gibt es zwei ausführende Organe, das Kollegium der Beigeordneten mit dem Bürgermeister an der Spitze (collège des bourgmestre et échevins) sowie den Bürgermeister[4]. Die Mit-

---

[1] Der Darstellung der Gemeindeverfassungen liegen die Ausführungen zu kommunalen Verfassungsstrukturen in sechs Staaten der Europäischen Gemeinschaften zugrunde, die enthalten sind in: Gemeindeordnungen in Europa, Schriftenreihe des Vereins für Kommunalwissenschaften, Band 17 (1967).

[2] Loi communale du 30 mars 1836.

[3] Belgische Verfassung vom 7. 2. 1831 in der geänderten Fassung vom 31. 12. 1970.

[4] Siehe dazu auch: *Robert Wilkin*, L'Administration Publique Belge, S. 46 ff.

glieder des Kollegiums, das in Belgien die eigentliche Exekutivgewalt ausübt, gehen aus dem Gemeinderat hervor (Art. 2, Loi communale). Das Kollegium führt einerseits Beschlüsse des Gemeinderates aus, handelt in gewissem Umfange jedoch auch aus eigener Kompetenz (Art. 89, Loi communale).

Der Bürgermeister[5] — Repräsentant der Gemeinde und Vertreter des Staates in der Gemeinde — steht sowohl dem Gemeinderat als auch dem Beigeordnetenkollegium vor (Art. 2 und 3, Loi communale); er ist zugleich Chef der örtlichen Polizei (Art. 90, Loi communale). Der Bürgermeister wird nicht gewählt, sondern vom König ernannt, der ihn von Rechts wegen außerhalb des Gemeinderates auswählen kann. In der Praxis wird der Bürgermeister in Belgien jedoch von der Mehrheit des Gemeinderates aus seiner Mitte vorgeschlagen und vom König ernannt.

Den belgischen Gemeinden sind durch Gesetz die Aufgabenbereiche zugeordnet:

1. Die gemeindlichen Angelegenheiten
2. Die Beteiligung an Vorhaben übergeordneter Behörden
3. Bestimmte allgemeine Verwaltungsaufgaben.

In den letzten Jahren hat die Zahl der den Kommunen zugewiesenen staatlichen Auftragsangelegenheiten stark zugenommen. Zu diesem Bereich zählen insbesondere die Gesundheitspflege, das Sozial- und Unterrichtswesen. Die administrative Aufsicht, die sich auf alle gemeindlichen Aufgaben der Verwaltung erstreckt, üben neben dem König vor allem der Gouverneur der Provinz und der Provinzialausschuß aus[6]. Insbesondere in dieser Abhängigkeit der Gemeinden von den Verwaltungsinstitutionen der Provinz spiegelt sich das überkommene System eines dezentralisierten Verwaltungsaufbaus auf regionaler Ebene[7].

1.2. Dänemark

Die Gemeindevertretung ist in Dänemark[8] das oberste Verwaltungsorgan der Gemeinde; traditionsgemäß hat es in diesem Lande stets Gemeindeparlamente mit geringer Mitgliedszahl und häufigen Ratssitzungen gegeben, um auf diese Weise eine direkte Einflußmöglichkeit auf die Behandlung der Gemeindeangelegenheiten zu sichern. Diese Tradition ist auch für die heutige kommunale Verwaltung bestimmend, deren

---

[5] Zu den Aufgaben des Bürgermeisters siehe *De Tollenaere,* V., Nieuwe Commentaar op de Gemeentewet, S. 148 ff.

[6] *K. Brants,* De Staatsinrichting van Belgie, S. 195.

[7] Siehe auch die Ausführungen zu Belgien, in: Gemeindeordnungen in Europa, S. 18.

[8] Der Darstellung liegen im wesentlichen die Ausführungen von *Harder,* Dänische Kommunalverwaltung, zugrunde: siehe S. 21, 22.

Rechtsgrundlage das Gesetz über die Kommunalverwaltung vom 31. Mai 1968 ist. In großen Gemeinden mit ausgedehnten Verwaltungsapparaten geht die Tendenz unübersehbar dahin, das Gemeindeparlament mehr zu einem bewilligenden und kontrollierenden Organ zu machen.

Die Sitzungen der Gemeindevertretung finden unter Leitung und Vorsitz des Bürgermeisters statt. Sobald alle Mitglieder der Gemeindevertretung Gelegenheit zur Äußerung gehabt haben, wird die Verhandlung geschlossen; in der Regel wird der Bürgermeister auf der Grundlage von Diskussionsbeiträgen und Äußerungen zur Sache einen Beschluß formulieren; damit wird eine direkte Abstimmung überflüssig; in dänischen Gemeindevertretungen wird nur in Ausnahmefällen eine Abstimmung über einzelne Tagesordnungspunkte durchgeführt; ausgenommen sind naturgemäß Angelegenheiten mit politischem Aspekt — wie etwa beim Haushaltsplan[9].

Der Vorsitzende des Gemeindeparlaments heißt Bürgermeister (borgmester); er wird in der konstituierenden Sitzung der Gemeindevertretung durch eine sogenannte Mehrheitswahl mit gebundenem Wiederholungswahlgang für die Dauer von vier Jahren gewählt. Die vorrangige Aufgabe des Bürgermeisters liegt in der Wahrnehmung seiner Pflichten als Vorsitzender der Gemeindevertretung; in dieser Funktion obliegt ihm die Pflicht zur Vorbereitung, Einberufung und Leitung der Sitzungen. Nach dänischem Recht vereinigt der Bürgermeister in seiner Person die Führung der laufenden Verwaltungsaufgaben mit seiner Funktion als Vorsitzender der Gemeindevertretungen.

Von Gesetzes wegen stehen ihm alle Befugnisse zu, die zur Leitung der Verwaltung dem Verwaltungspersonal gegenüber und zur Überwachung der Durchführung aller Beschlüsse notwendig sind; der Bürgermeister koordiniert die Verwaltungsaufgaben innerhalb der verschiedenen Gebiete. Mit der Beaufsichtigung des Geschäftsgangs der laufenden Verwaltung beauftragt, obliegt ihm auch die Verantwortung für die Sachbehandlung der Angelegenheiten, die in Verwaltung und Ausschüssen vorbereitet und anschließend der Gemeindevertretung vorgelegt werden. Dem Bürgermeister steht allerdings nicht die Kompetenz zur Beschlußfassung über Angelegenheiten zu, die der Verwaltung zur Behandlung vorliegen. Es besteht jedoch die Möglichkeit, daß ein Ausschuß die Entscheidung über derartige Angelegenheiten dem Bürgermeister in seiner Eigenschaft als Leiter der Verwaltung überträgt.

Die Stadt Kopenhagen[10] wird von einer von der Bevölkerung gewählten Versammlung, der Bürgerschaft (Borgerrepraesentationen), die aus

[9] *Harder*, Dänische Kommunalverwaltung, S. 35.

[10] Siehe dazu insbesondere: Dänemark, Kgl. Dänisches Außenministerium, S. 148 und *Harder*, Dänische Kommunalverwaltung, S. 88 ff. mit einer Übersicht über besondere Gemeindeverfassungen.

55 Mitgliedern besteht, und von einem von der Bürgerschaft gewählten Magistrat geleitet, der seinerseits aus einem Oberbürgermeister und 5 Ratsherren besteht (radmaend). In den anderen Hauptstadtgemeinden wählen die Einwohner die Gemeindeverwaltungen, auch Stadträte (byrad) genannt, die selber ihre Vorsitzenden wählen. In den dänischen Amtsgemeinden werden zwar die Amtsräte von der Bevölkerung gewählt, alter Tradition entsprechend ist jedoch ein Regierungsbeamter, der Amtmann, kraft seiner Stellung Vorsitzender des Amtsrates.

Für die Landgemeinden, die von den Gemeindevorständen (sognerad) geleitet werden, besteht eine Aufteilung zwischen solchen Aufgaben, für die die Amtsräte und anderen, für die die Gemeindevorstände zuständig sind, während die Kopenhagener Bürgerschaft und die Stadträte alle in ihren Gemeinden vorkommenden Gemeindeaufgaben bearbeiten können.

1.3. Frankreich

Das beschließende Organ in den französischen Gemeinden ist der Gemeinderat (conseil municipal)[11]. Dem französischen Gemeinderat ist gemäß Art. 40 des Code municipal[12] die prinzipielle Zuständigkeit für die Erledigung der Aufgaben des örtlichen Bereiches zugewiesen. Die Gemeinderäte werden von der Bürgerschaft für die Dauer von sechs Jahren gewählt.

Ausführendes Organ der Gemeinde ist der Bürgermeister, der die Verwaltung der Gemeinde leitet. Der Gemeinderat wählt den Bürgermeister für die Dauer seiner Amtsperiode aus seinen Reihen (Art. 58, Code municipal). Dem Bürgermeister kommt im französischen Recht eine Doppelfunktion zu[13]: Einerseits repräsentiert er die Gemeinde und sitzt in dieser Eigenschaft dem Gemeinderat vor; andererseits ist er der Vertreter des Staates in der Gemeinde. In seiner Eigenschaft als Vertreter des Staates der Aufsicht des Präfekten unterstellt, überwacht er die Anwendung der Gesetze und Verordnungen durch die Gemeindeorgane sowie die Aufrechterhaltung der öffentlichen Ordnung; ihm obliegt die Erteilung von Baugenehmigungen sowie das Recht, Maßnahmen auf dem Gebiet des Sozialwesens zu ergreifen (Art. 77, Code municipal). In seiner Eigenschaft als Organ der Gemeinde dem Gemeinderat verantwortlich, führt er die Beschlüsse des Gemeinderates aus. Die starke

---

[11] *Bourjol*, Droit administratif, S. 177.

[12] Code municipal, Décret no. 57 - 657 du 22 mai 1957 (Journal Officiel, p. 5491 et suiv.).

[13] Zur Rechtsstellung des Bürgermeisters nach dem französischen Kommunalverfassungsrecht: *Hachmann*, Ein Vergleich zwischen der geltenden rheinischen Bürgermeisterverfassung und dem französischen Kommunalverfassungsrecht, S. 106 ff.

Stellung eines französischen Bürgermeisters wird vollends deutlich, wenn man sich vor Augen führt, daß die örtliche Polizei in Gemeinden mit weniger als 10 000 Einwohnern ihm direkt unterstellt ist (Art. 96 ff., Code municipal)[14].

Die oben näher beschriebene prinzipielle Zuständigkeit der Gemeinden für die Erledigung der Aufgaben des örtlichen Bereiches ist insoweit zu relativieren, als in besonderen Angelegenheiten zuvor die Genehmigung der Aufsichtsbehörde einzuholen ist. Auf dem Gebiet der Fürsorge, des Gesundheits- und Wohnungswesens arbeitet der Staat eng mit staatlichen Organen zusammen. Die staatliche Aufsicht über die Tätigkeit des Bürgermeisters und seiner Beigeordneten beschränkt sich im wesentlichen auf die Prüfung der Gesetzmäßigkeit ihrer Handlungen[15], wobei zu unterscheiden ist, ob der Bürgermeister als Vertreter des Staates oder in seiner Eigenschaft als Gemeindevorsteher handelt. Die Aufsicht über die Beschlüsse des Gemeinderates ist in den ausgedehnten Genehmigungsvorbehalten der Art. 47 und 48 Code municipal festgelegt.

1.4. Großbritannien

Oberstes Organ der Gemeinde ist der Rat (council). Die Ratsmitglieder (councillers)[16] werden von der Bürgerschaft auf vier Jahre gewählt[17]. Die Gemeinden haben keine Allzuständigkeit; sie bekommen vielmehr ihre Aufgaben vom Staat einzeln zugewiesen. Verwaltungsorgan in den Gemeinden Großbritanniens ist der Bürgermeister, der vom Rat auf ein Jahr gewählt wird und Vorsitzender des Rates und Repräsentant der Gemeinde ist. Der britische Verwaltungsaufbau[18] ist im allgemeinen dreigestuft: die Zentralregierung, die county-Ebene (administrative counties, county boroughs) und die gemeindliche Ebene (non-county boroughs, urban and rural districts and parishes). Nach der Ultra-Vires-Lehre benötigen die britischen kommunalen Verwaltungseinheiten für jede Aufgabenerfüllung eine besondere gesetzliche Ermächtigung; sie haben keine „Allzuständigkeit“ aufgrund einer generellen Zuständigkeitsklausel, sondern erhalten ihre Aufgaben vom Staat einzeln zuge-

[14] Zur Polizeigewalt des Bürgermeisters siehe auch die Ausführungen *Steinkopffs* aus dem Jahre 1928, in: Die Selbstverwaltung der französischen Gemeinden, S. 22 ff.

[15] Siehe dazu die Ausführungen zu Frankreich, in: Gemeindeordnungen in Europa, S. 250.

[16] *Jackson,* The Machinery of Local Government, S. 25; *Warren,* The English Local Government System, S. 86 ff.

[17] The Local Government Act 1972, §§ 7 und 26, in: *Arnold-Baker,* The Local Government Act 1972, S. 29 und 40; siehe dazu auch *Harts,* Local Government and Administration, S. 102.

[18] Zum britischen Verwaltungsaufbau siehe *Krohn,* Die moderne englische Lokalverwaltung, S. 16; Finer, English Local Government, S. 33 ff.

wiesen. Während die counties und county boroughs für Erziehung-, Gesundheitswesen, für die Polizei und die Feuerwehr zuständig sind sowie die Planungshoheit besitzen, kommt den non-county boroughs lediglich eine Zuständigkeit für das Wohnungswesen, den städtischen Straßenbau und für die Parks und Grünflächen zu. Die Aufsicht des Staates[19] über die Gemeinden und Gemeindeverbände ist zwar formell eng begrenzt, doch bleibt den Gemeindeorganen kein beliebig großer Spielraum für die individuelle Gestaltung der Verwaltungsmaßnahmen. Polizei- und Schulwesen unterliegen ständiger staatlicher Kontrolle. Eine Vielzahl staatlicher Inspektoren wacht über die Einhaltung der gesetzlichen Bestimmungen; so unterliegt auch die Haushaltsführung einer scharfen Kontrolle im Sinne der fachlichen Beratung der Gemeinden[20].

1.5. Irland

Die Republik Irland ist in 31 Verwaltungsbezirke aufgeteilt, deren Mitgliederzahl normalerweise 21 - 31 Gemeinderäte umfaßt[21].

Ein county council besteht aus einem chairman und Gemeinderäten, ein county borough aus einem mayor (Bürgermeister), in Dublin und Cork Lord Mayor genannt, aldermen und Gemeinderäten. Aldermen heißen diejenigen, welche die meisten Wählerstimmen erhalten. Der Gemeinderat wird auf jeweils fünf Jahre gewählt. Der county council wählt seinerseits den chairman (Bürgermeister) und seinen Stellvertreter sowie die Mitglieder der verschiedenen Komitees.

Borough und urban district councils besitzen die gleichen Befugnisse wie county und city councils. Zwischen den county, city, borough und urban councils besteht eine enge Zusammenarbeit vor allem hinsichtlich des Wohnungsbaus, der Wasserversorgung und des Küstenschutzes. Außerdem bestehen weitreichende Befugnisse hinsichtlich des Erziehungs-, Kultur- und Wohlfahrtswesens[22].

Das irische System der Lokalregierung ist durch einen besonderen organisatorischen Rahmen gekennzeichnet. Die Aufgaben der örtlichen Behörden umfassen die „reserved powers" des Gemeinderates[23], nämlich Verabschiedung des Budgets, Besteuerung und Kreditaufnahme, das

---

[19] *Jackson*, The Structure of Local Government in England and Wales, S. 137 ff.

[20] Ausführungen zu England und Wales, in: Gemeindeordnungen in Europa, S. 152.

[21] Der Darstellung liegen im wesentlichen die Ausführungen von *James D. O'Donnell*, How Ireland is Governed, zugrunde; siehe S. 50.

[22] Zu den Befugnissen der Gemeinden siehe *O'Donnell*, How Ireland is Governed, S. 56 und 57.

[23] *Chubb*, The Government and Politics of Ireland, S. 284.

Erlassen von bye-laws, die Annahme von Entwicklungsplänen und andere politische Angelegenheiten sowie die „executive functions" des county oder city managers, insbesondere die Ernennung und Kontrolle der Angestellten sowie Entscheidungen des politischen Alltagslebens der Lokalbehörden. Dabei ist zu erwähnen, daß der Gemeinderat auch eine gewisse Kontrolle hinsichtlich der Exekutivfunktionen des Managers ausüben kann: z. B. ist er befugt, den Manager zu veranlassen, ihn über seine Tätigkeit vorher zu informieren oder eine bestimmte Tätigkeit zu unterlassen. Das bedeutet jedoch nicht, daß eine oppositionelle Beziehung zwischen Gemeinderat und Manager besteht; strittige Angelegenheiten werden vielmehr auf den council und committee meetings auf informeller Ebene besprochen.

In den letzten Jahren ist zu beobachten, daß die Zuständigkeitsbereiche der Lokalverwaltung ständig anwachsen. Bedeutsam ist insbesondere der Local Government Act von 1963, der ein umfangreiches Plansystem hinsichtlich der Urbanisierung, der Verkehrssicherheit und der Umweltprobleme einführte. Heutzutage stellen die Planungs- und Entwicklungsbereiche die wichtigsten Funktionen der county councils dar.

1.6. Italien

Das Beschlußfassungsorgan der italienischen Gemeinde ist der Gemeinderat (Consiglio Comunale)[24]. Die Aufgaben der italienischen Gemeinden sind nicht — wie z. B. in der Bundesrepublik Deutschland durch Art. 28 II GG — von einer allgemeinen Zuständigkeitsklausel bestimmt, sondern einzeln in Art. 91 des Gesetzes von 1934[25] aufgezählt; zu diesen Aufgaben zählen sowohl obligatorische als auch fakultative. Der Gemeinderat wird von den Bürgern auf fünf Jahre gewählt.

Zu den Verwaltungsorganen auf der Gemeindeebene Italiens werden der Gemeindeausschuß (Giunta Municipale) und der Bürgermeister (Sindaco) gerechnet. Sowohl der Gemeindeausschuß — ein kollegiales Verwaltungsorgan[26], das sich aus dem Bürgermeister und Beisitzern (Assessori) zusammensetzt — als auch der Bürgermeister werden vom Gemeinderat gewählt (Art. 4 und 5)[27].

Der Bürgermeister vertritt die Gemeinde und nimmt zugleich staatliche Funktionen wahr; er führt die Aufsicht über die Gemeindeverwal-

---

[24] Siehe dazu: *Giovenco*, L'Ordinamento Comunale, S. 127 f.

[25] Testo unico della legge comunale e provinciale approvato con R. D. 3 marzo 1934, n. 383.

[26] *Galateria*, Gli organi collegiali amministrativi, Vol. I, S. 35.

[27] D. P. R. 16 maggio 1960, n. 570. — Testo unico delle leggi per la composizione e la elezione degli organi delle Amministrazioni comunali, G. U. 23 giugno, n. 152, supplemento.

tung und ist befugt, bei Verhinderung des Gemeinderates selber in dessen Namen dringende Entscheidungen zu treffen, die er allerdings später vom Rat genehmigen lassen muß.

Hinsichtlich des Aufgabenbereiches der italienischen Gemeinden ist zwischen dem eigenen und übertragenen Wirkungskreis zu unterscheiden. So werden staatliche Angelegenheiten von lokalem Interesse, wie die Überwachung der öffentlichen Ordnung, von den Gemeinden ausgeführt. Die Autonomie der italienischen Gemeinden ist durch ein starres System von Rechtmäßigkeits- und Zweckmäßigkeitskontrollen begrenzt. Die Gemeindeaufsicht üben die Präfekten, der Provinzialverwaltungsausschuß und die Zentralverwaltung aus. Während der Präfekt die Rechtsaufsicht innehat und häufig auch politisch die Gemeindetätigkeit beeinflußt, übt der Provinzialverwaltungsausschuß vornehmlich eine fachliche Kontrolle aus. Für die Zentralverwaltung handelt vornehmlich das Innen-, Finanz- und Gesundheitsministerium.

1.7. Luxemburg

In der luxemburgischen Verfassung[28] findet sich in Art. 107 Abs. 3 die Vorschrift, nach der das beschlußfassende Organ — der Gemeinderat (conseil communal) — über alles entscheidet, was von rein gemeindlichem Interesse ist. Gemäß Art. 33 der Verfassung ordnet der Rat alles, was das Gemeindeinteresse angeht; er beratschlagt über jeden anderen Gegenstand, der ihm durch die Oberbehörden vorgelegt wird. Der Gemeinderat wird von den Bürgern für die Dauer von sechs Jahren gewählt.

Verwaltungsorgane der Gemeinde sind in Luxemburg das Kollegium (collège des bourgmestre et échevins), bestehend aus dem Bürgermeister und den Beigeordneten, und der Bürgermeister (bourgmestre)[29]. Die Beigeordneten ernennt bei den Städten der Großherzog, bei den übrigen Gemeinden der Innenminister aus der Mitte des Gemeinderates für die Dauer der Wahlzeit der Gemeinderatsmitglieder. Das Kollegium verkündet und führt die Beschlüsse des Gemeinderates aus; es verwaltet Einkünfte und Ausgaben und ist insbesondere zuständig für die Ausführung staatlicher Gesetze, Verordnungen und Verfügungen.

Der Bürgermeister sitzt dem Gemeinderat und dem Kollegium vor; als Verwaltungschef unterzeichnet er sämtliche Bekanntmachungen und Beschlüsse des Gemeinderates und des Kollegiums. Ebenso wie in Belgien wird auch ein Bürgermeister in Luxemburg vom Staat — vom

---

[28] Verfassung des Großherzogtums Luxemburg vom 17. 10. 1968, zuletzt geändert am 27. 1. 1972.

[29] *Majerus*, L'Etat Luxembourgeois, S. 270.

Großherzog — ernannt[30]. In der Praxis folgt jedoch auch hier die Ernennung meist einem Vorschlag der Mehrheit des Gemeinderates.

Die luxemburgischen Gemeinden[31] haben *eigene* und vom Staat *übertragene* Aufgaben zu erledigen. Wie bereits in Belgien, zeigt sich auch hier seit dem Zweiten Weltkrieg eine erhebliche Zunahme der vom Staat übertragenen Aufgaben. Die Gemeinden sind für die Unterhaltung und Einrichtung der Schulen und Kirchen zuständig, der Wohnungsbau bleibt — bei staatlich festgelegten Beihilfen — der privaten Initiative der Bürger überlassen, Feuerwehr und Gesundheitswesen zählen zu den eigenen Aufgaben der Gemeinde.

Im Jahre 1930 wurde die Polizei verstaatlicht. Unter Aufsicht der Distriktskommissare ist aber der Bürgermeister mit der Ausführung der Polizeigesetze und Polizeireglements beauftragt[32]. Der Staat wirkt durch bestimmte, ihm eingeräumte Rechte — Ernennungsrechte, Genehmigungsvorbehalte und Bestätigungsrechte — auf das Handeln der Kommunalorgane ein und vermag auf diese Weise wesentlich auf das Geschehen in der Kommune Einfluß zu nehmen. Die unmittelbare Aufsicht über die Gemeindeverwaltung wird vom Distriktkommissar ausgeübt, den der Großherzog ernennt. In Wirklichkeit sind die Distriktskommissare lediglich als Verbindungsstellen anzusehen, die kommunale Beschlüsse an die Zentralbehörden und umgekehrt staatliche Weisungen an die Gemeinden weiterleiten.

1.8. Niederlande

Der niederländische Gemeinderat hat das Recht, Verordnungen zu erlassen, die er als für die Belange der Gemeinde erforderlich erachtet (Art. 153 II des Grundgesetzes)[33] und kann somit alle die Gemeinde betreffenden Angelegenheiten regeln, deren Regelung im öffentlichen Interesse notwendig ist. Seine administrative Entscheidungsbefugnis umfaßt mithin alle Gemeindeangelegenheiten, soweit nicht aufgrund eines Gesetzes das Kollegium oder der Bürgermeister zuständig ist (Art. 167 Gemeentewet)[34]. Der Gemeinderat wird von den Bürgern unmittelbar auf die Dauer von vier Jahren gewählt.

Die niederländische Gemeinde[35] kennt zwei Verwaltungsorgane: das Kollegium[36] von Bürgermeister[37] und Beigeordneten[38] (College van

[30] *Majerus*, Principes élémentaires de droit public Luxembourgeois, S. 83.

[31] Zu Aufgaben und Organisation der Gemeinden siehe auch *Majerus*, Das Staatswesen im Großherzogtum Luxemburg, S. 67 - 74.

[32] Siehe dazu die Ausführungen zu Luxemburg, in: Gemeindeordnungen in Europa, S. 432.

[33] Grundgesetz des Königreichs der Niederlande vom 24. 8. 1815.

[34] Gemeentewet vom 29. 6. 1851 (Staatsblad, no. 85).

[35] *Van Stegeren*, Formeel gemeenterecht, S. 6.

Burgemeester en Wethouders) und den Bürgermeister (Burgemeester). Die Beigeordneten werden — insoweit entspricht diese Regelung der belgischen Gemeindeverfassung — vom Gemeinderat aus seiner Mitte für die Dauer der Amtszeit des Gemeinderates gewählt (Art. 86 Gemeentewet). Das Kollegium führt die Beschlüsse des Gemeinderates aus; ihm obliegt ferner die Aufsicht über die Gemeindeangelegenheiten und die Wahrung bestimmter, im Gesetz aufgeführter Aufgaben. Das Kollegium ist auch zuständig für die Ausführung von Gesetzen und Provinzialverordnungen.

Der Bürgermeister wird vom Staat — von der Krone — zumeist außerhalb der Mitglieder des Gemeinderates, jedoch nach dessen Anhörung, ausgewählt und auf sechs Jahre ernannt (Art. 65, Gemeentewet). Er ist Exekutivorgan der Gemeinde und sitzt ohne Stimmrecht dem Gemeinderat und mit Stimmrecht dem Kollegium vor und ist zugleich Aufsichtsorgan der Krone über die Gemeindeverwaltung. In Städten mit kommunaler Polizei obliegt ihm die Leitung und allgemeine Organisation der Polizei.

In den Niederlanden sind den Gemeinden

— die eigenverantwortlich auszuführenden Selbstverwaltungsangelegenheiten

— die den Gemeinden von der Provinz zur Durchführung übertragenen Aufgaben und

— staatliche Auftragsangelegenheiten zugewiesen[39].

Auch in den Niederlanden bilden heute die übertragenen staatlichen und provinziellen Angelegenheiten das Schwergewicht der kommunalen Verwaltungstätigkeit. Der große Bereich der sozialen Sicherheit ist in die Gesetzgebung des Staates übergegangen; die Gemeinden sind in diesem Bereich ebenso als Ausführungsorgane tätig wie in weitem Umfange auf dem Gebiet des Schul- und Verkehrswesens. Unter den Aufgaben zur Erledigung in eigenverantwortlicher Zuständigkeit seien besonders hervorgehoben der Straßenbau, Kanalisation, Müllabfuhr, Schaffung von Museen, Theatern und Altersheimen. Nach dem Polizeigesetz von 1957 besteht in den Gemeinden mit über 25 000 Einwohnern eine kommunale Polizei; in Gemeinden unter 10 000 Einwohnern ist die Polizei staatlich, in den übrigen Gemeinden gibt es unterschiedliche Regelungen. In insgesamt 123 Gemeinden ist die Polizei heute kommunal.

---

[36] *Buriks*, Inleiding tot het gemeenterecht, S. 301.

[37] *Sikkes*, Beknopt Leerboek voor het gemeenterecht, S. 125 ff.

[38] *Sikkes*, Beknopt Leerboek voor het gemeenterecht, S. 156.

[39] Zum Aufgabenbereich der Gemeinden siehe die Ausführungen zu Nederland, in: Gemeindeordnungen in Europa, S. 464.

Die Provinzialverwaltung und die Krone üben gemeinsam die Aufsicht über den autonomen Aufgabenbereich der Gemeinde aus. Sie können Entscheidungen der Gemeindeorgane und des Kollegiums von Bürgermeister und Beigeordneten aufheben; im Bereich der Auftragsangelegenheiten ist die Aufsicht erheblich umfassender und kann dazu führen, daß der königliche Kommissar selber unter gewissen Umständen die den Gemeinden übertragenen Aufgaben zur Durchführung übernimmt.

2. Schlußfolgerungen

Zusammenfassend läßt sich feststellen, daß sich in den Gemeindeverfassungen aller Mitgliedstaaten der Europäischen Gemeinschaften folgendes Verfassungsschema hinsichtlich der Gemeindeorgane erkennen läßt:

Die Gemeindevertretung (Gemeinderat) ist das beschlußfassende Organ der Gemeinde, das in demokratischer Weise im Wege der allgemeinen, unmittelbaren, direkten Wahl gewählt wird. Der Gemeinderat besitzt im Rahmen der territorialen Grenzen der Gemeinde Generalkompetenz und verfügt hinsichtlich der staatlichen Gesetze und Rechtsvorschriften, vorbehaltlich der Staatsaufsicht über seine wichtigsten Akte, über eine verhältnismäßige Autonomie. Diese beiden den Gemeinderat ganz allgemein kennzeichnenden Aspekte sind miteinander eng verknüpft. Das Verwaltungsorgan wird entweder nur durch den Bürgermeister oder zusätzlich noch durch ein Kollegium unter dem Vorsitz des Bürgermeisters gebildet.

Hinsichtlich des *Wahlmodus* zeigten sich von Land zu Land gewisse Unterschiede. Während der Bürgermeister in den meisten Mitgliedstaaten im Wege der allgemeinen, mittelbaren Wahl vom Gemeinderat aus seiner Mitte gewählt wird (Vereinigtes Königreich, Irland, Frankreich, Italien, Dänemark), wird er in anderen Mitgliedstaaten vom Staat ernannt (Belgien, Niederlande, Luxemburg)[40]. Der Aufgabenbereich der Exekutivorgane erweist sich — unabhängig von ihrer Zusammensetzung — als im wesentlichen ähnlich:

— Ausführung der Beschlüsse des Gemeinderates

— Ausführung der Gesetze und sonstigen Vorschriften der staatlichen Verwaltung

— Führung der laufenden Geschäfte der Gemeinde.

---

[40] In der Bundesrepublik Deutschland wird der Bürgermeister in den Ländern Baden-Württemberg und Bayern im Wege der allgemeinen, direkten Wahl gewählt, während er in den anderen Ländern von der Gemeindevertretung gewählt wird.

Die Gemeinde — in den Mitgliedstaaten der Europäischen Gemeinschaften — ist eine öffentlich-rechtliche Gebietskörperschaft, die über autonome Verwaltungsbefugnisse verfügt. Unabhängig von den in den einzelnen Mitgliedstaaten verwendeten spezifischen Bezeichnungen ist unter Gemeinde die unterste territoriale Verwaltungseinheit zu verstehen. Hinsichtlich der Befugnisse der Gemeinden konnte die Tätigkeit auf zwei Funktionen reduziert werden, die ebenso grundlegend wie komplementär sind:

a) Bei der *Verwaltung der örtlichen Interessen im Rahmen der Eigenkompetenz* erstellen die Kommunalbehörden den Haushaltsplan und verabschieden ihn, erteilen Aufträge für öffentliche Arbeiten, beschließen, Anleihen aufzunehmen und erheben örtliche Abgaben.

b) Bei der *Wahrnehmung staatlicher Gewalt auf örtlicher Ebene im Rahmen einer delegierten Kompetenz* sind die Behörden damit beauftragt, staatliche Gesetze und Verordnungen zu vollziehen. Da die Kommunalbehörden diese beiden Funktionen ausüben, ist die Zahl der Bereiche, in denen sie tätig werden, beträchtlich. Die Tätigkeiten[41] können im wesentlichen in fünf Gruppen eingestuft werden:

— Raumordnung und Ortsplanung, Wohnungswesen, Hoch- und Tiefbau, Müll- und Abwässerbeseitigung;
— die wesentlichen Versorgungsleistungen: Wasser, Gas, Strom, Verkehr;
— Gesundheitsverwaltung, Fürsorge, Krankenhäuser und Kinderkrippen;
— Schulwesen, Freizeit, Kultur;
— Sicherheit, Polizei, Brandschutz.

Wie die obigen Ausführungen — Gegenüberstellung der Gemeindeverfassungen der EG-Mitgliedstaaten — erbracht haben, ergeben sich von Land zu Land gewisse Unterschiede hinsichtlich einzelner von den Gemeinden ausgeübter Tätigkeiten und eingeräumter Befugnisse, auf die hier nicht im einzelnen eingegangen werden soll.

Insgesamt läßt sich jedoch eine weitgehende Ähnlichkeit in der Verfassungsstruktur der Gemeinden unter dem Gesichtspunkt der Gemeindeorgane und der den Gemeinden eingeräumten Befugnisse in den Mitgliedstaaten der Europäischen Gemeinschaften feststellen.

Nach der Darstellung der Gemeindeorgane und wichtigsten Gemeindeaufgaben in den Mitgliedstaaten der Europäischen Gemeinschaften sollen nunmehr die Wahlrechtsbestimmungen auf Gemeindeebene untersucht werden.

---

[41] Siehe dazu den Bericht der Kommission der Europäischen Gemeinschaften über die Zuerkennung des Wahlrechts an Angehörige der Mitgliedstaaten, SEC (76) 504 vom 18. 2. 1976, S. 7.

Zweiter Abschnitt

Das aktive Wahlrecht: Voraussetzungen und Modalitäten

1. Einleitung

Die Zuerkennung des Wahlrechts an Ausländer in den Mitgliedstaaten der Europäischen Gemeinschaften setzt zunächst eine Bestandsaufnahme der gegenwärtig gültigen und angewandten Wahlrechtsbestimmungen voraus, um auf diese Weise Aufschluß darüber zu gewinnen, welche Hindernisse im Hinblick auf die Gewährung des Wahlrechts an EG-Bürger auf Gemeindeebene noch überwunden werden müssen. Die Verfassungen und Gemeindeverfassungen der neun Mitgliedsländer der Europäischen Gemeinschaften sollen daraufhin untersucht werden, von welchen Grundvoraussetzungen sie gegenwärtig die Berechtigung zur Beteiligung an Kommunalwahlen abhängig machen[1]. Unter diesem Aspekt werden insbesondere die Bestimmungen über *Staatsangehörigkeit* und *Wohnsitz* beleuchtet. Ferner werden folgende zwei Punkte beachtet: Verbot des *Mehrstimmenrechts* und die *Wahlpflicht*, da möglicherweise aus diesen Bestimmungen Anregungen zur konkreten Gestaltung einer einheitlichen Wahlrechtsregelung auf Gemeindeebene in den Staaten der Europäischen Gemeinschaften gewonnen werden können.

2. Staatsangehörigkeit

2.1. Allgemeine Ausführungen

Eine wichtige Voraussetzung, die ein jeder Kommunalwähler in einem Mitgliedsland der EG im allgemeinen erfüllen muß, ist, die Staatsangehörigkeit des betreffenden Landes zu besitzen. Nach wie vor ist das im Zeitalter der Französischen Revolution begründete Institut der Staatsangehörigkeit die juristische Bedingung, einer Person einen besonderen

[1] Den Ausführungen liegt eine erste Untersuchung der Kommission der Europäischen Gemeinschaften über die Zuerkennung des Wahlrechts auf kommunaler Ebene an Angehörige der Mitgliedstaaten zugrunde; SEC (76) 504 vom 18. 2. 1976.

Status, der zur Begründung bestimmter Rechte und Pflichten Anlaß gibt, zuzuerkennen[2].

Das Prinzip der Staatsangehörigkeit ist in den meisten Ländern der EG gesetzlich verankert und durch das positive Recht annähernd aller Staaten praktisch einhellig anerkannt. Nachfolgend soll für alle EG-Mitgliedstaaten dargestellt werden, welche verfassungs- bzw. gemeinderechtlichen Bestimmungen[3] Angaben enthalten, die sich auf die Innehabung der Staatsangehörigkeit als zwingende Voraussetzung für die Ausübung des Gemeindewahlrechts beziehen.

2.2. Einzelstaatliche Bestimmungen

2.2.1. In den Verfassungen: Frankreich, Italien, Niederlande

In den Verfassungen mehrerer Mitgliedstaaten der EG ist die Staatsangehörigkeit ausdrücklich geregelt, worin ihre fundamentale Bedeutung hinreichend zum Ausdruck kommt.

In der französischen Verfassung[4] findet sich eine Vorschrift, durch die das Wahlrecht von der Innehabung der Staatsangehörigkeit abhängig gemacht wird. In Art. 3 (4) heißt es:

> "Sont électeurs, dans les conditions déterminées par la loi, tous les nationaux français majeurs des deux sexes, jouissant de leur droits civils et politiques."

In Titolo IV Art. 48 (1) der italienischen Verfassung[5] heißt es:

> "Sono elettori tutti i cittadini, uomini e donne, che abbiano raggiunto la maggiore età[6]."

In der niederländischen Verfassung[7] wird in Kapitel IV, Abschnitt III, der die Gemeindeverwaltung behandelt, ausgeführt:

> "Art. 152 I: Aan het hoofd der gemeente staat een raad, welks leden rechtstreeks voor een bepaald aantal jaren worden gekozen door de ingezetenen der gemeente, tevens Nederlanders of door de wet als Nederlandse onderdanen erkend, die de door de wet te bepalen leeftijd, welke niet beneden achttien jaren mag zijn, hebben bereikt. De ver-

---

[2] *Ermacora,* Allgemeine Staatslehre, Zweiter Teilband, S. 1103.

[3] Texte in dänischer, italienischer und niederländischer Sprache werden in den Fußnoten in deutscher Sprache wiedergegeben.

[4] Constitution de la Vème République du 4 Octobre 1958, Journal Officiel du 5 Octobre 1958.

[5] Costituzione della Repubblica Italiana vom 27. 12. 1947.

[6] Übersetzung: „Wahlberechtigt sind alle volljährigen männlichen und weiblichen Staatsbürger".

[7] Grondwet voor het Koninkrijk der Nederlanden vom 24. 8. 1815 (Staatsblad 1815, S. 45) in der Bekanntmachung vom 17. 4. 1972 (Staatsblad 1972, S. 193).

kiezing geschiedt op de grondslag van evenredige vertegenwoordiging binnen door de wet te stellen grenzen[8]."

Die übrigen sechs Länder der EG haben dieses Prinzip der Staatsangehörigkeit nicht ausdrücklich in ihre Verfassung aufgenommen. In Belgien, Luxemburg und Dänemark ist dieser Grundsatz für die Gemeindewahlen aber gesetzlich festgelegt.

2.2.2. In den Gemeindewahlgesetzen: Belgien, Luxemburg, Dänemark

Im belgischen Gemeindewahlgesetz[9] heißt es in Art. 1:

"Kiezer voor de gemeenteraad zijn, zonder onderscheid van geslacht, zij *die Belg zijn* of naturalisatie hebben verkregen, de leeftijd van achttien jaar bereikt hebben en sedert ten minste zes maanden hun woonplaats hebben in de gemeente[10]."

Für Luxemburg bestimmt Art. 1 des luxemburgischen Wahlgesetzes[11], daß man, um Wähler zu sein, unter anderem Luxemburger oder Luxemburgerin sein muß:

Titre I. Art. 1: "Pour être électeur, il faut:

1. être Luxembourgeois ou Luxembourgeoise;
2. être âgé de dix-huit ans accomplis;
3. jouir des droits civils et politiques;
4. être domicilié dans le Grand-Duché."

Das dänische Gesetz für die Wahlen zu den Gemeinderäten[12] bestimmt:

"§ 1. Valgret til borgerrepraesentationen i København og til kommunalbestyrelserne i landets øvrige kommuner (amtskommuner og pri-

---

[8] Übersetzung: „An der Spitze der Gemeinde steht ein Rat, dessen Mitglieder unmittelbar von den Einwohnern gewählt werden, die Niederländer oder durch Gesetz als niederländische Untertanen anerkannt sind und das gesetzlich zu bestimmende Lebensalter, welches nicht unter 18 Jahren liegen darf, erreicht haben. Die Wahl wird durchgeführt nach dem Prinzip der Verhältniswahl innerhalb gesetzlich zu bestimmender Grenzen"; siehe dazu auch den niederländischen Entwurf für eine Verfassungsänderung, durch die auch solchen Einwohnern, die nicht Niederländer sind, das Wahlrecht auf kommunaler Ebene zuerkannt werden soll, in: Bijlagen Tweede Kamer der Staten-Generaal, Zitting 1975 - 1976 ff., stukken 13 991 Nr. 1 ff.

[9] Gemeentekieswet in der Fassung vom 26. 6. 1970 (Belgisch Staatsblad 17. Juli).

[10] Übersetzung: „Wähler für den Gemeinderat sind — ohne Unterscheidung des Geschlechts — die Belgier und die Eingebürgerten, wenn sie das Lebensalter von 18 Jahren erreicht und mindestens seit sechs Monaten ihren Wohnsitz in der Gemeinde haben".

[11] Loi électorale vom 31. 7. 1924 in der Fassung vom 31. 7. 1973.

[12] § 1 des Gesetzes über die Kommunalwahlen, Nr. 101 vom 29. 3. 1924, vgl. Bekendtgørelse af Lov om kommunale valg vom 25. 6. 1973, Lovtidende A 1973, Nr. 388, S. 1232.

maerkommuner) har enhver, som opfylder betingelserne for valgret til folketinget, og som har fast bopael i vedkommende kommune[13]."

Das Kommunalwahlgesetz verweist damit auf die Bestimmungen des Wahlgesetzes zum Folketing[14], darin heißt es:

"§ 1. Valgret til folketinget har enhver, som har dansk indfødsret, er fyldt 20 ar og har fast bopael i riget, medmindre vedkommende er umyndiggjort. Stk. 2. Personer, der er ansat i den danske stat og beordret til tjeneste uden for riget, og de med disse personer samlevende aegtefaeller anses at have fast bopael i riget[15]."

Auf die Wahlen zum Folketing nimmt auch die dänische Verfassung[16] in Kapitel IV § 29 bezug:

"Stk. 1. Valgret til folketinget har enhver, som har dansk indfødsret, fast bopael i riget og har nået den i stk. 2 omhandlede valgretsalder, medmindre vedkommende er umyndiggjort. Det bestemmes ved lov, i hvilket omfang straf og understøttelse, der i lovgivningen betragtes som fattighjaelp, medfører tab af valgret[17]."

Bis zu den nächsten Kommunalwahlen 1978 soll Dänemark gemäß einer Empfehlung des Nordischen Rates vom 21. 2. 1973 (diese ist an alle fünf nordischen Länder ergangen) den in Dänemark lebenden Staatsbürgern aus Island, Finnland, Norwegen und Schweden das aktive und passive Wahlrecht bei Kommunalwahlen eingeräumt haben. Voraussetzung ist, daß sie vorher drei Jahre lang in der Gemeinde, in der sie leben, polizeilich gemeldet waren[18].

---

[13] Übersetzung, § 1 Abs. 1: „Das Wahlrecht für die Bürgervertretung in Kopenhagen und für die Gemeinderäte in den übrigen Gemeinden des Landes (Amtsgemeinden und Primärgemeinden) hat jeder, der die Bedingungen für das Wahlrecht zum Folketing erfüllt und einen festen Wohnsitz in der entsprechenden Gemeinde hat."

[14] § 1 des Gesetzes über die Wahl zum Folketing vom 31. 3. 1953, vgl. Bekendtgørelse af Lov om valg til folketinget vom 10. 8. 1970, Lovtidende A 1970, Nr. 366, S. 1035 und Lov om aendring af valgretsalderen til folketinget vom 5. 10. 1971, Lovtidende A 1971, Nr. 445, S. 1167 (Herabsetzung des Wahlalters auf 20 Jahre).

[15] Übersetzung, § 1 Abs. 1: „Das Wahlrecht zum Folketing hat jeder, der die dänische Staatsangehörigkeit besitzt, das Alter von 20 Jahren erreicht hat und einen festen Wohnsitz im Reich besitzt, es sei denn, daß der Betreffende entmündigt ist"; § 1 Abs. 2: „Personen, die dem dänischen Staatsdienst angehören und mit Diensten im Ausland beauftragt sind und die mit diesen Personen zusammenlebenden Ehegatten werden so behandelt, als ob sie einen festen Wohnsitz im Lande besitzen."

[16] Danmarks Riges Grundlov af 5. 6. 1953, Lovtidende 1953, Nr. 169, S. 542.

[17] Übersetzung: „§ 29 (1). Das Wahlrecht zum Folketing hat jedermann, *der die dänische Staatsangehörigkeit besitzt,* seinen Wohnsitz innerhalb des Königreiches hat sowie das in (2) behandelte Wahlrechtsalter erreicht hat, es sei denn, daß der Betreffende entmündigt ist. Durch Gesetz wird festgelegt, in welchem Umfang Strafzumessung und der Bezug solcher Unterstützung, die als Armenhilfe im Sinne des Gesetzes gilt, den Verlust des Wahlrechts nach sich zieht"; überarbeitete amtliche Übersetzung, siehe *Mayer-Tasch,* S. 71.

2.2.3. In den Gemeindewahlgesetzen: Frankreich, Italien, Niederlande

Auch die Staaten, die der Bedeutung, die sie dem Prinzip der Staatsangehörigkeit beimessen, bereits durch Aufnahme einer entsprechenden Bestimmung in die jeweilige Verfassung Ausdruck verliehen haben, wiederholen diesen Grundsatz in ihren Gemeindewahlgesetzen.

In Frankreich schreibt das Wahlgesetz für die Wahlen zu den Gemeinderäten vor[19], daß die Wähler Franzosen und Französinnen sein müssen. Art. L. 2:

"Sont électeurs, sans condition de cens, tous les *Français et Françaises* agés de vingt et un ans accomplis, jouissant de leurs droits civils et politiques et n'étant dans aucun cas d'incapacité prévu par la loi."

Das italienische Gesetz über Wahlen zu den Gemeinderäten enthält eine Bestimmung, die die Wahlberechtigung auf den Kreis der italienischen Staatsangehörigen beschränkt:

Titolo I Art. 1:

"Sono elettori tutti i cittadini italiani che abbiano compiuto il 21 anno di età e non si trovino in alcuna delle condizioni previste dagli artt. 2 e 3[20]."

und Titolo II, Capo II Art. 13:

"Sono elettori i cittadini italiani iscritti nelle liste elettorali compilate a — termini della L. 7 ott. 1947, n. 1058, e successive modificazioni[21]."

In den Niederlanden[22] heißt es in Art. B. 1. — 1:

"De leden van de Tweede Kamer der Staten-Generaal, van de provinciale staten en van de raden der gemeenten worden gekozen door

---

[18] Eine entsprechende Regelung existiert bereits in Finnland (Finnlands Författningssamling 1976: 335), während Schweden seit 1976 *allen* Ausländern, die sich mehr als 3 Jahre im Lande aufhalten, sowohl das aktive als auch das passive Wahlrecht bei Gemeindewahlen gewährt (Svensk Författningssamling 1976: 1268).

[19] Code électoral in der Fassung des Journal Officiel de la République Française, Paris 1973.

[20] D. P. R. 20 marzo 1967, n. 223. — Testo unico delle leggi per la disciplina dell'elettorato attivo e per la tenuta e la revisioni delle liste elettorali, G. U. 28 aprile, n. 106; Übersetzung: „Wahlberechtigt sind alle italienischen Staatsbürger, die das 21. Lebensjahr vollendet haben und keine der in Art. 2 und 3 genannten Bedingungen erfüllen."

[21] D. P. R. 16 maggio 1960, n. 570. Testo unico delle leggi per la composizione e la elezione degli organi delle Amministrazioni comunali, G. U. 23 giugno, n. 152, supplemento; Übersetzung: „Wahlberechtigt sind italienische Staatsbürger, die in die Wahllisten eingetragen sind, welche nach den Vorschriften des Gesetzes vom 7. 10. 1947, Nr. 1058 und seinen späteren Änderungen erstellt sind."

[22] Kieswet, Gesetz vom 13. 7. 1951, S. 290 in der Fassung vom 3. 4. 1974, S. 149.

degenen, die op de dag der kandidaatstelling ingezetenen zijn, onderscheidenlijk van het Rijk, van de provincie en van de gemeente, mits zij Nederlanders zijn en op de dag der stemming de leeftijd van achttien jaren zullen hebben bereikt[23]."

2.2.4. In den Wahlgesetzen: Großbritannien, Irland

Eine Ausnahme von dem Grundsatz, daß man als Wähler zu den Gemeinderäten in den Mitgliedsländern der EG die Staatsangehörigkeit des betreffenden Landes besitzen muß, machen zwei Länder: *Irland* und zum Teil auch *Großbritannien*.

Die gegenwärtig in Großbritannien geltenden Bestimmungen für die Wahlen zum Parlament und für die Kommunalwahlen sind im „Representation of the People Act" aus dem Jahre 1949 in der Fassung und Ergänzung von 1969 niedergelegt. Darin heißt es:

Part I.

2-(1) "The persons entitled to vote as electors at a local government election in any electoral area shall be those who —

a) are resident there on the qualifying date; and

b) (age apart) are on that date and on the date of the poll not subject to any legal incapacity to vote and either British subjects or citizens of the Republic of Ireland[24]."

Gemäß dieser Vorschrift des Representation of the People Act muß der Wähler mithin die Eigenschaft eines British subject oder eines Bürgers der Republik Irland besitzen. In diesem Zusammenhang ist der Begriff des British subject nach britischem Verständnis näher zu erläutern[25]. Der Begriff des British subject umfaßt insgesamt drei Kategorien, so daß Bürger, die diese Eigenschaften, die nachfolgend dargestellt werden, besitzen, als British subjects im Sinne des Representation of the People Act angesehen werden:

citizens of the United Kingdom and Colonies, of Canada, Australia, New Zealand, India, Pakistan, Southern Rhodesia, Ceylon, Ghana, Malaysia, the Republic of Cyprus, Nigeria, Sierra Leone, Tanzania, Jamaica, Trinidad and Tobago, Uganda, Kenya, Malawi, Zambia,

---

[23] Übersetzung zu Art. B. 1. - 1.: „Die Mitglieder der zweiten Kammer der Generalstaaten, der Provinzvertretungen und der Gemeinderäte werden von denjenigen gewählt, die am Tage der Kandidatenaufstellung Einsässige sind von jeweils dem Reich, der Provinz und den Gemeinden, falls sie Niederländer sind und am Tag der Abstimmung ein Lebensalter von 18 Jahren erreicht haben."

[24] The Representation of the People Act, 1949 (12 und 13 Geo. 6 CH. 68) in der Fassung von 1969.

[25] *Parry*, British Nationality, S. 181 f.

Malta, the Gambia, Guyana, Botswana, Lesotho, Singapore, Barbados, Mauritus, Swaziland, Tonga, Fiji and the Bahamas.

British subjects without citizenship.

Certain citizens of the Republic of Ireland[26].

Historisch bedingt knüpft Großbritannien damit im Wahlgesetz an einen erweiterten Staatsangehörigkeitsbegriff an, der sich von dem anderer europäischer Staaten in seiner Dimension erheblich unterscheidet[27].

Für Irland ist in Part II 5. — (1) und (2) des Electoral Act von 1963[28] geregelt, daß derjenige das Recht hat, seine Stimme bei der Wahl der Mitglieder des Dail Eireann abzugeben, der am Tage der Wahl

a) ein Staatsbürger Irlands ist und

b) gewöhnlich im Wahlbezirk wohnt.

Diese Bestimmung findet sich nicht im folgenden Absatz, der die Voraussetzungen des aktiven Wahlrechts auf Gemeindeebene regelt. Danach braucht eine Person, die sich an den Gemeinderatswahlen beteiligen will, hinsichtlich der Staatsangehörigkeit keine Voraussetzungen zu erfüllen. In Part II 5. — (1) und (2) heißt es:

[26] Halsbury's Laws of England, Volume 4, London 1973, S. 405.

[27] Für den Bereich der Europäischen Gemeinschaften, der im Zusammenhang mit der vorliegenden Arbeit von besonderem Interesse ist, sei auf die Erklärung des Vereinigten Königreichs Großbritannien und Nordirland über die Bestimmung des Begriffs „Statsangehörige" verwiesen: Bei der Unterzeichnung des Beitrittsvertrags gibt die Regierung des Vereinigten Königreichs Großbritannien und Nordirland folgende Erklärung ab:

„In bezug auf das Vereinigte Königreich Großbritannien und Nordirland ist unter den Begriffen ‚Staatsangehörige', ‚Staatsangehörige von Mitgliedstaaten' oder ‚Staatsangehörige von Mitgliedstaaten und überseeischen Ländern und Gebieten', wo immer sie in dem Vertrag zur Gründung der Europäischen Wirtschaftsgemeinschaft, dem Vertrag zur Gründung der Europäischen Atomgemeinschaft oder dem Vertrag über die Gründung der Europäischen Gemeinschaft für Kohle und Stahl oder in einem der sich von diesen Verträgen herleitenden Rechtsakte der Gemeinschaft verwendet werden, folgendes zu verstehen:

a) Personen, die Bürger des Vereinigten Königreichs und der Kolonien sind oder die britische Untertanen sind, ohne diese Staatsbürgerschaft oder die Staatsbürgerschaft eines anderen Landes oder Gebiets des Commonwealth zu besitzen, und die im einen wie im anderen Fall das Aufenthaltsrecht im Vereinigten Königreich besitzen und aufgrund dieser Tatsache von der Einwanderungskontrolle des Vereinigten Königreichs befreit sind;

b) Personen, die Bürger des Vereinigten Königreichs und der Kolonien sind, weil sie in Gibraltar geboren oder in das Personenstandsregister eingetragen oder naturalisiert wurden oder deren Vater in Gibraltar geboren oder in das Personenstandsregister eingetragen oder naturalisiet wurde"; zitiert aus: Verträge zur Gründung der Europäischen Gemeinschaften, Dokumente, 1973, S. 1479.

[28] Electoral Act, 1963, No. 19, in: The Acts of the Oireachtas, 1963, Volume I, Dublin 1963.

(1) "A person shall be entitled to be registered as a Dail elector in a constituency if he has reached the age of twenty-one years and he was, on the qualifying date —

a) a citizen of Ireland, and

b) ordinarily resident in that constituency.

(2) (a) A person shall be entitled to be registered as a local government elector in a local electoral area if he has reached the age of twenty-one years and —

i) he was, on the qualifying date, ordinarily resident in that area, or

ii) he has, during the whole of the period of six months ending on the qualifying date, occupied, as owner or tenant, any land or premises in that area.

(b) . . ."

3. Wohnsitz

3.1. Allgemeine Ausführungen

In allen Mitgliedstaaten der EG wird zur Ausübung des Wahlrechts eine vorherige Eintragung in ein Wählerverzeichnis oder -register verlangt. Dem Wohnsitz-Prinzip — d. h. der Wahlrechtsbedingung, in einer entsprechenden Gemeinde einen Wohnsitz nachweisen zu können — wird in den Mitgliedstaaten unterschiedliche Bedeutung beigemessen. Aus diesem Grunde lassen sich die diesbezüglichen nationalen Regelungen wie folgt charakterisieren: Einerseits gibt es Staaten, die für die Ausübung des Wahlrechts den tatsächlichen Aufenthalt der Wähler in der Gemeinde verlangen, andererseits solche, die in dieser Hinsicht weniger strenge Anforderungen stellen.

3.2. Die einzelstaatlichen Bestimmungen

3.2.1. Belgien, Luxemburg, Dänemark, Niederlande

Nach dem belgischen Wahlgesetz können an den Gemeinderatswahlen in Belgien nur solche Bürger teilnehmen, die seit mindestens sechs Monaten in der Gemeinde wohnen[29].

Auch das inzwischen mehrfach geänderte luxemburgische Gesetz vom 31. Juli 1924[30] hält an diesem Grundsatz fest und weist in Art. 7 darauf

[29] Art. 1: „. . . en sedert ten minste zes maanden hun woonplaats hebben in de gemeente . . ."; Gemeentekieswet in der Fassung vom 26. 6. 1970 (Belgisch Staatsblad 17. Juli).

[30] Art. 7: „Le domicile électoral du citoyen est au lieu de sa résidence habituelle, c'est-à-dire au lieu où il habite d'ordinaire avec sa famille"; loi électorale vom 31. 7. 1924 in der Fassung vom 31. 7. 1973.

hin, daß der Staatsbürger sein Wahlrecht an dem Ort ausübt, an dem er seinen gewöhnlichen Aufenthalt hat, d. h. dort, wo er gewöhnlich mit seiner Familie wohnt.

Das dänische[31] Gesetz für die Wahlen zu den Gemeinderäten besagt in § 1, daß die Bürger nur unter der Voraussetzung wahlberechtigt seien, daß sie einen festen Wohnsitz in der entsprechenden Gemeinde haben. In der Verfassung[32] ist dieser Grundsatz in § 29 für die Wahlen zum Folketing aufgenommen.

In den Niederlanden findet sich eine entsprechende Vorschrift sowohl in der Verfassung als auch im allgemeinen Wahlgesetz. Während die Verfassung in Art. 152[33] von den Einwohnern spricht, denen das Wahlrecht eingeräumt wird, heißt es im Wahlgesetz, daß denjenigen „ingezetenen en der gemeente" das Wahlrecht zu den Gemeinderäten gewährt wird, die ihren Wohnsitz in der Gemeinde haben (Art. B 1. — 2)[34]. Darüber hinaus besteht eine Vermutung, daß diejenigen, die in das Bevölkerungsregister einer Gemeinde aufgenommen sind, in der Gemeinde eine Wohnung haben. Diese Vermutung besteht bis zum Beweis des Gegenteils.

3.2.2. Frankreich

In Frankreich heißt es in Art. L. 11. 1.[35], daß alle Wähler in der Wahlliste aufgeführt sind, die ihren tatsächlichen Wohnsitz in der Gemeinde haben oder seit wenigstens sechs Monaten dort wohnen. Das Wohnsitz-Prinzip wird jedoch im ganzen nicht strikt gehandhabt, sondern an verschiedenen Stellen durchbrochen. So wird im Art. L. 11. 2.[36] auch solchen

[31] § 1: „... og som har fast bopael i vedkommende kommune ..."; Gesetz über die Kommunalwahlen, Nr. 101 vom 29. 3. 1924, vgl. Bekendtgørelse af Lov om kommunale valg vom 25. 6. 1973, Lovtidende A 1973, Nr. 388, S. 1232.

[32] § 29: „... seinen Wohnsitz innerhalb des Königreichs hat ..."; siehe Übersetzung *Mayer-Tasch*, S. 71 und Danmarks Riges Grundlov af 5. 6. 1953, Lovtidende 1953, Nr. 169, S. 542.

[33] Art. 152: „..., welks leden rechtstreeks voor een bepaald aantal jaren worden gekozen door de *ingezetenen der gemeente*, ..."; Grondwet voor het Koninkrijk der Nederlanden vom 24. 8. 1815 (Staatsblad 1815, S. 45) in der Bekanntmachung vom 17. 4. 1972 (Staatsblad 1972, S. 193).

[34] Art. B. 1. - 2.: „Onder ingezetenen des Rijks, der provincie en der gemeente verstaat deze wet hen, die onderscheidenlijk in het Rijk, in de provincie en in de gemeente werkelijke woonplaats hebben"; Kieswet, Gesetz vom 13. 7. 1951, S. 290 in der Fassung vom 3. 4. 1974, S. 149.

[35] Code électoral in der Fassung des Journal Officiel de la République Française, Paris 1973.

[36] Art. L. 11.2.: La liste électorale comprend: 1° Tous les électeurs qui ont leur domicile réel dans la commune ou y habitent depuis six mois au moins; 2° Ceux qui figurent pour la cinquième fois sans interruption, l'année de la demande d'inscription, au rôle d'une des quatre contributions directes ou au rôle des prestations en nature et, s'ils ne résident pas dans la commune, ont déclaré vouloir y exercer leurs droits électoraux. Sont également inscrits, aux termes du présent alinéa, les membres des familles des mêmes électeurs

Staatsbürgern, die nicht in der Gemeinde wohnen aber in einer der Steuerlisten der Gemeinde eingetragen sind, die Eintragung in die Wählerlisten und mithin das Kommunalwahlrecht gewährt. Darüber hinaus wird in Art. L. 12[37] eine weitere Wählerkategorie angesprochen, die, ohne einen Wohnsitz in der Gemeinde zu haben, unter gewissen Voraussetzun in die Wählerliste einer bestimmten Gemeinde eingetragen werden kann. Es handelt sich dabei um französische Staatsangehörige, die außerhalb Frankreichs wohnen und ihre Eintragung in die Wahllisten der Gemeinde beantragen können, in der sie geboren wurden, ihre letzte Wohnung oder ihren letzten Aufenthalt von wenigstens sechs Monaten hatten.

3.2.3. Großbritannien

Für die Wohnsitz-Bestimmungen in Großbritannien bei den Wahlen zu den Gemeinderäten sind die gegenwärtig geltenden Bestimmungen des englischen Wahlrechts, wie sie im „Representation of the People Act" aus dem Jahre 1949 in der Fassung und Ergänzung von 1969 niedergelegt sind, maßgebend. In Part I. 2. — (1) (a) heißt es, daß diejenigen als Wähler zu den Gemeindewahlen zugelassen werden sollen, die am Tage der Wahl in der Gemeinde wohnen.

> "The persons entitled to vote as electors at a local government election in any electoral area shall be those who —
>
> (a) are resident there on the qualifying date[38]."

Diese Fassung des „Representation of the People Act" von 1969 unterscheidet sich von derjenigen aus dem Jahre 1949. Darin wurde nämlich der Wohnsitz-Grundsatz insofern mit einer gewissen Elastizität gehandhabt, als auch über den Kreis der Gebietsansässigen hinaus denjenigen das Wahlrecht eingeräumt wurde, die unter den in Sektion 5 enthaltenen Bestimmungen eine „Non-Resident-Qualification" hatten, mit der Folge, daß auch solchen Bürgern das Wahlrecht zu den Gemeinderäten

---

compris dans la cote de la prestation en nature alors même qu'ils n'y sont pas personnellement portés, et les habitants qui, en raison de leur âge ou de leur santé, auraient cessé d'être soumis à cet impôt".

[37] Art. L. 12: Les Français et les Françaises établis hors de France et immatriculés au consulat de France peuvent, sur leur demande, être inscrits sur la liste électorale de l'une des communes suivantes:
Commune de naissance;
Commune de leur dernier domicile;
Commune de leur dernière résidence, à condition que cette résidence ait été de six mois au moins;
Commune où est né, est inscrit ou a été inscrit sur la liste électorale un de leurs ascendants;
Commune sur la liste électorale de laquelle est inscrit un de leurs descendants au premier degré.

[38] The Representation of the People Act, 1949 (12 und 13 Geo. 6 Ch. 68) in der Fassung von 1969.

gewährt wurde, die in einem Wahlgebiet in England oder Wales als Eigentümer oder Pächter dort irgendein grundsteuerpflichtiges Land oder grundsteuerpflichtige Grundstücke mit einem jährlichen Ertrag von nicht weniger als 10 Pfund besaßen[39]. Gemäß Part I. 5. des Representation of the People Act in der Fassung von 1969 ist diese Bestimmung jetzt aufgehoben[40].

3.2.4. Irland

In Irland ist eine Regelung, wie sie in Großbritannien inzwischen aufgehoben ist, beibehalten worden. Danach muß man als aktiver Wähler zum Gemeinderat entweder in dem betreffenden Gebiet wohnen oder aber anhand eines Mietvertrages oder unter Berufung auf seine Eigenschaft als Eigentümer nachweisen, daß man seit sechs Monaten in diesem Gebiet Irlands wohnhaft ist. In Part II. 5. — (2) (a) heißt es:

"A person shall be entitled to be registered as a local government elector in a local electoral area if he has reached the age of twenty-one years and —

i) he was, on the qualifying date, ordinarily resident in that area, or

ii) he has, during the whole of the period of six months ending on the qualifying date, occupied, as owner or tenant, any land or premises in that area[41]."

3.2.5. Italien

Nach den einschlägigen Bestimmungen Italiens muß der Wähler in dem Wählerverzeichnis derjenigen Gemeinde eingetragen sein, in der er seinen festen Wohnsitz hat[42].

Eine Parallele zum französischen Recht ergibt sich in diesem Zusammenhang insofern, als für einen Italiener die Eintragung in das Wählerverzeichnis an die Stelle der Voraussetzung des tatsächlichen Aufenthaltes treten kann mit der Folge, daß auch der Wähler, der ständig im Aus-

---

[39] 2. — (1) The persons entitled to vote as electors at a local government election in any electoral area shall be those who — (a) on the qualifying date either — i) are resident in the area; or — ii) *under the provisions of section five of this Act have a non-resident qualification therein;* and 5. — (1) A person shall be deemed for the purposes of section two of this Act to have a non-resident qualification — (a) in an electoral area in England or Wales if he is occupying as owner or tenant any rateable land or premises therein of the yearly value of not less than ten pounds; The Representation of the People Act, 1949 (12 und 13 Geo. 6. Ch. 68) in der Fassung vom 24. 11. 1949.

[40] Non-resident qualification for local government electors: Part I. 5.: (Repealed R. P. Act 1969).

[41] Electoral Act, 1963, No. 19, in: The Acts of the Oireachtas, 1963, Volume I, Dublin 1963.

[42] Titolo II, Capo II Art. 13 und Capo III Art. 14: D. P. R. 16 maggio 1960, n. 570. — Testo Unico delle leggi per la composizione e la elezione degli organi delle Amministrazioni comunali, G. U. 23 giugno, N. 152, supplemento.

land wohnt, sein Wahlrecht dennoch weiterhin ausüben kann, sofern er nur im Wählerverzeichnis eingetragen ist. So können die außerhalb Italiens wohnenden Italiener in der Gemeinde, in der sie geboren wurden, in der Gemeinde, in der sie ihren letzten Wohnsitz hatten oder in der Gemeinde, in der ihre Verwandten in aufsteigender Linie eingetragen sind, ihr Wahlrecht beibehalten.

Dies zeigt sich in concreto immer deutlich, wenn hunderttausende italienische Gastarbeiter für einen Sonntag die lange Reise von Deutschland in die Lombardei, nach Apulien oder bis nach Sizilien unternehmen, um dabei zu sein, wenn in ihrem Heimatland gewählt wird.

4. Verbot der mehrfachen Stimmabgabe

Während die meisten Mitgliedstaaten der EG die Eintragung eines Wählers in mehrere Wählerverzeichnisse verbieten und somit eine mehrfache Stimmabgabe vermeiden, bleibt in zwei Ländern der EG, die Ausländern nach geltendem Gesetzesrecht das Wahlrecht einräumen — Irland, Großbritannien —, die Tatsache unberücksichtigt, ob Ausländer in ihrem Herkunftsland das Wahlrecht behalten oder nicht.

So besteht in Irland für Angehörige aller acht Mitgliedstaaten, in Großbritannien für Iren unter den weiteren — gesetzlich aufgeführten — Voraussetzungen die Möglichkeit zur zweifachen Stimmabgabe — im Aufnahmeland und im Heimatstaat.

5. Wahlpflicht

In den meisten Mitgliedstaaten der EG wird das Wählen als ein Recht angesehen. So verhält es sich mit dem Wahlrecht auf der Gemeindeebene im Vereinigten Königreich, Irland, Niederlande, Bundesrepublik Deutschland, Frankreich und Dänemark. Während in diesen Ländern die Wahlpflicht als eine moralische Pflicht oder Bürgerpflicht verstanden wird, betrachten drei andere Mitgliedstaaten — Belgien, Luxemburg und Italien — das Wählen nicht als privates Recht, sondern als soziale Obliegenheit mit der Folge, daß in diesen Staaten eine gesetzliche Verpflichtung zur Wahl besteht.

5.1. Belgien

In Belgien[43] wird die Nichtausübung des Wahlrechts mit Verweis oder Geldbuße bestraft. Wer fünfmal hintereinander nicht zur Wahl er-

[43] Art. 62: Deelneming aan de stemming is verplicht. De bepalingen van de artikelen 207 tot 210 van het Kieswetboek betreffende de sanctie op de stemp-

scheint, kann als Wähler für 10 Jahre aus den Wählerverzeichnissen gestrichen und weder von der Regierung noch von den Lokalbehörden ernannt, befördert und ausgezeichnet werden.

5.2. Luxemburg

Auch in Luxemburg[44] müssen die Wähler ihr Fernbleiben von der Wahl begründen und den Nachweis dafür erbringen, daß es ihnen unmöglich war, zum Wahltermin zu erscheinen. Wenn sie einen derartigen Nachweis nicht erbringen können, werden ihnen Geldbußen auferlegt (Art. 262). In der heute gültigen Fassung des Art. 262 fehlt eine Sanktion, die noch in der alten Fassung des Wahlgesetzes vom 31. Juli 1924 gegenüber Nichtwählern im Wiederholungsfalle verhängt wurde. Dort war ausgeführt, daß solche für sechs Jahre aus den Wählerverzeichnissen gestrichen werden und während dieser Zeit weder von der Regierung noch von der Gemeindeverwaltung oder von öffentlichen Einrichtungen ernannt, befördert oder ausgezeichnet werden können[45].

---

licht zijn mede van toepassing op de gemeenteraadsverkiezingen. De bepalingen van artikel 210 van dat wetboek, voor zover zij de herhaling van een niet gewettigd verzuim van de stemplicht betreffen, vinden alleen toepassing wanneer de verkiezingen van dezelfde aard zijn. Hij die zijn stemplicht verzuimt bij een gemeenteraadsverkiezing, na een zelfde verzuim te hebben begaan bij een provincieraads- of een parlementsverkiezing, is niet in staat van herhaling; Gemeentekieswet, in der Fassung vom 26. 6. 1970 (Belgisch Staatsblad 17. Juli) mit Verweis auf: K. W. Art. 210. — Een eerste, niet gewettigde onthouding wordt naar gelang van de omstandigheden gestraft met berisping of met geldboete van één tot drie frank. Bij herhaling binnen zes jaar is de geldboete drie frank tot vijfentwintig frank. Vervangende gevangenisstraf wordt niet uitgesproken. Bij een tweede herhaling binnen tien jaar wordt dezelfde straf toegepast en wordt de kiezer bovendien vermeld op een lijst die gedurende een maand aan de gevel van het gemeentehuis von zijn woonplaats aangeplakt blijft. Komt de niet gewettigde onthouding een vierde maal voor binnen vijftien jaar, dan wordt dezelfde straf toegepast. De kiezer wordt bovendien voor tien jaar van de kiezerslijsten geschrapt en gedurende die tijd kan hij geen benoeming, bevordering of onderscheiding, hetzij van de regering, hetzij van de provincie- of gemeentebesturen, verkrijgen.

[44] Art. 262. „Une première abstention non justifiée est punie d'une amende de deux cents à cinq cents francs. En cas de récidive dans les six ans de la condamnation, l'amende sera de mille à deux mille francs. N'est pas comptée comme récidive pour l'application du présent article l'absence au scrutin de ballottage de l'électeur absent au premier tour de scrutin. La condamnation prononcée par défaut est sujette à opposition conformément aux dispositions du code d'instruction criminelle.“ Loi électorale vom 31. 7. 1924 in der Fassung vom 31. 7. 1973.

[45] Art. 262. „Die erste, nicht begründete Abwesenheit wird mit einer Geldstrafe von 5 bis 20 Fr. bestraft. Im Wiederholungsfalle innerhalb 6 Jahre nach der Verurteilung beträgt die Geldstrafe 10 bis 30 Fr. Im zweiten Wiederholungsfalle innerhalb 9 Jahre beträgt die Strafe 30 bis 50 Fr.; außerdem wird der Wähler für sechs Jahre von den Wählerlisten gestrichen und kann während dieser Zeit weder von der Regierung, noch von Gemeindeverwaltungen

5.3. Italien

In Italien ist gemäß Art. 48 (2) der Verfassung die Ausübung des Wahlrechts eine Bürgerpflicht[46]. So wird bei den Wahlen auf nationaler Ebene ein Verzeichnis derjenigen Wähler aufgestellt, die ohne zwingenden Grund von der Wahl ferngeblieben sind[47]; dies wird auch in den Leumunds- bzw. Führungszeugnissen mit den Worten „hat nicht gewählt" vermerkt[48]. Bezüglich der „administrativen Wahlen" — insbesondere auf Gemeindeebene — sind keine Sanktionen vorgesehen.

oder öffentlichen Anstalten irgendwelche Ernennung, Beförderung noch Auszeichnung erhalten. Die Abwesenheit bei der Stichwahl des beim ersten Wahlgang abwesenden Wählers zählt für die Anwendung des gegenwärtigen Artikels nicht als Wiederholungsfall. Gegen die im Nichterscheinungsfall verhängte Verurteilung kann innerhalb von drei Monaten nach der Zustellung des Urteils Berufung eingelegt werden"; Loi électorale in der Fassung vom 31. 7. 1924; Mémorial, Du Grand-Duché de Luxembourg, Année 1924, Nr. 42.

[46] Art. 48 (2): „Das Stimmrecht ist persönlich und gleich, frei und geheim. Seine Ausübung ist Bürgerpflicht"; siehe die Übersetzung bei Mayer-Tasch, S. 322.

[47] *Costatino Mortati,* Istituzioni Di Diritto Pubblico, Padova 1969, S. 413.

[48] Siehe Art. 115: D. P. R. 30 marzo 1957, n. 361 — Testo Unico delle leggi recanti norme per la elezione della Camera dei deputati.

Dritter Abschnitt

Das passive Wahlrecht: Voraussetzungen und Modalitäten

1. Einleitung

Auch das passive Wahlrecht unterliegt in den meisten Mitgliedstaaten der EG den wesentlichen Voraussetzungen der *Staatsangehörigkeit* und des *Aufenthaltes.* Neben Alters- und Leumundsvoraussetzungen werden in einigen Ländern noch Mindestausbildungsbedingungen verlangt. Ein doppeltes passives Wahlrecht ist untersagt.

2. Staatsangehörigkeit

2.1. Allgemeine Ausführungen

Das passive Wahlrecht zu den Gemeinderäten wird — mit Ausnahme Irlands — in allen Staaten der Europäischen Gemeinschaften von der Innehabung der Staatsangehörigkeit abhängig gemacht. Insoweit gilt diese bereits für das aktive Wahlrecht (Zweiter Teil, zweiter Abschnitt, 2.2.) untersuchte Voraussetzung auch für das passive Wahlrecht.

2.2. Einzelstaatliche Bestimmungen

2.2.1. Belgien

In Belgien heißt es in Art. 65 des Gemeentekieswet[1]:

"Tot gemeenteraadslid kunnen alleen worden gekozen en gemeenteraadslid kunnen alleen blijven personen van het mannelijk of vrouwelijk geslacht die: 1. Belg zijn[2]; 2. . . . "

[1] Gemeentekieswet in der Fassung vom 26. 6. 1970 (Belgisch Staatsblad 17. Juli).

[2] Übersetzung: „Zum Mitglied des Gemeinderates können nur gewählt werden und Mitglied des Gemeinderates können nur Personen männlichen oder weiblichen Geschlechts bleiben, die: 1. Belgier sind.

2.2.2. *Dänemark*

Für Dänemark ergibt sich eine entsprechende Regelung aus § 2 des Kommunalwahlgesetzes[3]:

§ 2. Valgbar til de i § 1 naevnte kommunalbestyrelser er enhver, som er valgberettiget ved de kommunale valg i de pagaeldende kommuner, medmindre vedkommende er straffet for en handling, der i almindeligt omdømme gør ham uvaerdig til at vaere medlem af kommunale rad, jfr. § 34[4].

2.2.3. *Frankreich*

In Frankreich heißt es in Art. 44 des Code électoral[5]:

"Tout Français et toute Française ayant vingt-trois ans accomplis peuvent faire acte de candidature et être élus, sous réserve des cas d'incapacité ou d'inéligibilité prévus par la loi."

In Frankreich ist zu beachten, daß nicht alle Inländer bei Gemeindewahlen gleichgestellt sind. Nach Art. 81 des Staatsangehörigkeitskodex in der Fassung des Gesetzes vom 9. Januar 1973[6] können dem eingebürgerten Ausländer während einer Frist von zehn Jahren seit dem Einbürgerungsdekret nicht Wahlämter oder Mandate übertragen werden, für deren Ausübung die französische Staatsangehörigkeit erforderlich ist. Dies ist bei Gemeindewahlen der Fall.

2.2.4. *Großbritannien*

In Großbritannien heißt es in Part II. 57. — (1) des Local Government Act, 1933:

"A person shall, unless disqualified by virtue of this Act or any other enactment, be qualified to be elected and to be a member of a local authority if he is of full age and a British subject . . ."

2.2.5. *Irland*

In Irland braucht hinsichtlich der Staatsangehörigkeit keine Voraussetzung erfüllt zu werden. Bis zum Jahre 1974 war ein „alien" gehin-

[3] Gesetz über die Kommunalwahlen, Nr. 101 vom 29. 3. 1924, vgl. Bekendtgørelse af Lov om kommunale valg vom 25. 6. 1973, Lovtidende A 1973, Nr. 388, S. 1232.

[4] Wählbar zu den in § 1 genannten Gemeinderäten ist jeder, der in den betreffenden Kommunen bei der Kommunalwahl wahlberechtigt ist, es sei denn, daß er für eine Handlung bestraft ist, die ihn in der allgemeinen Meinung unwürdig macht, Miglied eines Gemeinderates zu sein, vgl. § 34.

[5] Code électoral in der Fassung des Journal Officiel de la République Française, Paris 1973.

[6] Staatsangehörigkeitskodex in der Fassung des Gesetzes vom 9. 1. 1973, Journal Officiel Nr. 8 vom 10. 1. 1973, S. 467 - 472.

dert, sich in kommunale Vertretungskörperschaften wählen zu lassen[7]. Diese Bestimmung ist inzwischen aufgehoben worden[8], so daß in Irland jeder passiv wahlberechtigt ist, sofern er nicht aus sonstigen Gründen von den Kommunalwahlen ausgeschlossen ist. Da es in Irland keine positiv gefaßten Wählbarkeitsvoraussetzungen für Kommunalwahlen gibt, sondern lediglich Wählbarkeitshindernisse, sollen diese wegen ihrer Bedeutung für die Wahlen zu den kommunalen Vertretungskörperschaften im folgenden dargestellt werden.

A person is disqualified for election if he —

(a) is under 18 years of age;

(b) has, within the previous five years, been sentenced to imprisonment with hard labour without the option of a fine, or to any greater punishment and not receives a free pardon[9];

(c) is convicted of making a false statement for the purpose of obtaining expenses for attending a meeting of a committee of agriculture or a vocational education committee[10];

(d) is convicted of acting as a member of a local authority when disqualified or voting when prohibited disqualifies for a period of 7 years from date of conviction[11];

(e) has not paid any part of any sum due by him under a charge or surcharge made by a local government auditor[12];

(f) was a member of a local authority at the expiration of the previous financial year and has not paid the whole or part of any sum due by him for rates in respect of that year[13];

(g) is a member of the Permanent Defence Forces or of the Reserve Defence Forces while actively employed[14].

2.2.6. Italien

Für Italien ergibt sich dies aus Art. 14 in Verbindung mit Art. 13. — D.P.R. 16 maggio 1960, n. 570[15] und in Verbindung mit Art. 1. — D.P.R. 20 marzo 1967[16], n. 223. In diesen Bestimmungen heißt es:

---

[7] § (a) of article 12 (4) of the Schedule to the Local Government (Application of Enactments) Order, 1898.

[8] Section 24 of the Local Elections (Petitions and Disqualifications) Acts, 1974.

[9] (a) und (b) — Article 12 of the Schedule to the Local Government (Application of Enactments) Order, 1898.

[10] Section 2 (7) of the Agriculture (Amendment) Act, 1944 and Section 6 (6) (b) of the Vocational Education (Amendment) Act, 1947.

[11] Section 94 (3) of the Local Government (Ireland) Act, 1898.

[12] As to commencement of this disqualification see Section 62 of the Local Government Act, 1925.

[13] Section 57 of the Local Government Act, 1941.

[14] Section 104 of the Defence Act, 1954.

Art. 14:

"Sono eleggibili a consiglieri comunali gli iscritti nelle liste elettorali di qualsiasi Comune, purchè sappiano leggere e scrivere[17]."

Art. 13:

"Sono elettori i cittadini italiani iscritti nelle liste elettorali compilate a'termini della L. 7 ott. 1947, n. 1058, e successive modificazioni[18]."

Art. 1:

"Sono elettori tutti i cittadini italiani che abbiano compiuto il 21 anno di età e non si trovino in alcuna delle condizioni previste dagli artt. 2 e 3[19]."

2.2.7. Luxemburg

Eine entsprechende Regelung für Luxemburg ist in Art. 154 des Code électoral[20] enthalten:

"Pour être éligible, il faut: 1. être Luxembourgeois ou Luxembourgeoise; 2. . . . "

2.2.8. Niederlande

Für die Niederlande heißt es im Gemeentewet[21]:

Art. 21. "Leden van den raad kunnen alleen zijn de ingezetenen der gemeente, die Nederlander of door de wet als Nederlandsch onderdaan erkend zijn, den ouderdom van drie en twintig jaar vervuld hebben, niet van de verkiesbaarheid ontzet zijn, noch van de uitoefening van het kiesrecht zijn uitgesloten krachtens het in artikel B 3 der Kieswet bepaalde, met uitzondering van gerechtelijke vrijheidsberooving en veroordeling tot een vrijheidsstraf anders dan wegens bedelarij of landlooperij of wegens een feit, waaruit openbare dronkenschap blijkt[22]."

---

[15] D. P. R. 16 maggio 1960, n. 570. — Testo Unico delle leggi per la composizione e la elezione degli organi delle Amministrazioni comunali, G. U. 23 giugno, n. 152, supplemento.

[16] D. P. R. 20 marzo 1967, n. 223. — Testo Unico delle leggi per la disciplina dell'elettorato attivo e per la tenuta e la revisioni delle liste elettorali, G. U. 28 aprile, n. 106.

[17] Art. 14, Übersetzung: „Diejenigen, die in den Wahllisten irgendwelcher Gemeinden eingetragen sind, können als Gemeinderäte gewählt werden, soweit sie lesen und schreiben können."

[18] Art. 13, Übersetzung: „Wahlberechtigt sind italienische Staatsbürger, die in die Wahllisten eingetragen sind, welche nach den Vorschriften des Gesetzes vom 7. Oktober 1947 Nr. 1058 und seinen späteren Änderungen erstellt sind."

[19] Art. 1, Übersetzung: „Wahlberechtigt sind alle italienischen Staatsbürger, die das 21. Lebensjahr vollendet haben und keine der in Art. 2 und 3 genannten Bedingungen erfüllen."

[20] Loi électorale vom 31. 7. 1924 in der Fassung vom 31. 7. 1973.

[21] Gemeentewet, Gesetz vom 29. 6. 1851, S. 85 mit zahlreichen Änderungen.

Auch Art. 152 (1) des Grundgesetzes der Niederlande[23] spricht das Merkmal der Staatsangehörigkeit an:

„An der Spitze der Gemeinde steht ein Rat, dessen Mitglieder unmittelbar von den Einwohnern der Gemeinde gewählt werden, die Niederländer oder durch Gesetz als niederländische Untertanen anerkannt sind ...“

3. Wohnsitz

3.1. Allgemeine Ausführungen

In den meisten Mitgliedstaaten der EG wird die Gewährung des passiven Wahlrechts zu den Gemeinderäten davon abhängig gemacht, daß der Betreffende in der Gemeinde einen Wohnsitz hat. In einzelnen Fällen unterscheidet sich jedoch der für die Zuerkennung des aktiven Wahlrechts erforderliche Aufenthalt von der für das passive Wahlrecht erforderlichen Aufenthaltsdauer.

3.2. Einzelstaatliche Bestimmungen

3.2.1. Belgien

In Belgien muß der Bewerber seinen Wohnsitz in der Gemeinde haben, doch enthält das Gesetz im Gegensatz zu der Regelung über das aktive Wahlrecht[24] keine Bedingung hinsichtlich der Dauer.
Art. 65-3:

"Hun woonplaats hebben in de gemeente[25]."

---

[22] Übersetzung: „Mitglieder des Rates können nur die Einsässigen der Gemeinde sein, die Niederländer oder gesetzlich als niederländische Untertanen anerkannt sind, das Alter von 23 Jahren erreicht haben, nicht von der Wählbarkeit noch von der Ausübung des Wahlrechts aufgrund dessen, was in Art. B 3 des allgemeinen Wahlgesetzes bestimmt ist, ausgeschlossen sind, mit Ausnahme gerichtlichen Freiheitsentzuges und der Verurteilung zu einer Freiheitsstrafe, es sei denn, diese sei wegen Bettelei, Landstreicherei oder wegen einer Tatsache, die auf Trunkenheit in der Öffentlichkeit schließen läßt, ausgesprochen.

[23] Grundgesetz des Königreichs der Niederlande, siehe dazu *Mayer-Tasch*, S. 367.

[24] Nach Art. 1 des belgischen Wahlgesetzes können an den Gemeinderatswahlen in Belgien nur solche Bürger teilnehmen, die seit mindestens sechs Monaten in der Gemeinde wohnen; Gemeentekieswet in der Fassung vom 26. 6. 1970 (Belgisch Staatsblad 17. Juli).

[25] Art. 65. — 3 des Gemeentkieswet: „Ihren Wohnplatz haben in der Gemeinde.“

3.2.2. Luxemburg

Auch in Luxemburg muß ein Kandidat, um gewählt zu werden, seinen Wohnsitz in der Gemeinde haben. Während das Gesetz zur Ausübung des aktiven Wahlrechts (Art. 7) keine Aufenthaltsdauer vorsieht, verlangt es für das passive Wahlrecht einen tatsächlichen Aufenthalt von wenigstens sechs Monaten in der Gemeinde.

Art. 154 — 4:

> "être domicilié depuis six mois dans la commune ou la section de commune[26]."

3.2.3. Dänemark

Die Voraussetzungen des passiven Wahlrechts in Dänemark ergeben sich aus § 2 des dänischen Kommunalwahlgesetzes. Darin heißt es:

> „Wählbar zu den in § 1 genannten Gemeinderäten ist jeder, der bei der Kommunalwahl in der betreffenden Gemeinde wahlberechtigt ist."

Damit verweist § 2 des Kommunalwahlgesetzes auf § 1, in dem jedem das Wahlrecht zu den Gemeinderäten eröffnet wird, der — unter anderem — einen festen Wohnsitz in der Gemeinde hat[27].

3.2.4. Niederlande

Im niederländischen Gemeentewet ist in Art. 21 ausgeführt, daß die „ingezetenen der gemeente" in den Gemeinderat gewählt werden können. In Art. 4 desselben Gesetzes ist der Begriff des „ingezetenen" für dieses Gesetz dahingehend definiert, daß darunter alle diejenigen zu verstehen sind, die ihren gewöhnlichen Wohnsitz in der Gemeinde haben.

Auch die niederländische Verfassung greift das Wohnsitzprinzip für das passive Wahlrecht auf, indem es in Art. 152 Abs. 3 ausführt, daß man — neben der Erfüllung anderer Voraussetzungen — um Mitglied des Rates zu sein, in der Gemeinde ansässig sein muß.

In Art. 4 Abs. 2 und 3 des Gemeentewet[28] heißt es:

> "2. Onder ingezetenen worden in deze wet verstaan zij, die hun werkelijke woonplaats in de gemeente hebben.
>
> 3. Zij, die in het bevolkingsregister ener gemeente opgenomen zijn, worden voor de toepassing van deze wet, behoudens bewijs van het tegendeel, geacht werkelijke woonplaats te hebben in die gemeente[29]."

---

[26] Loi électorale vom 31. 7. 1924 in der Fassung vom 31. 7. 1975.

[27] Gesetz über die Kommunalwahlen, Nr. 101 vom 29. 3. 1924, vgl. Bekendtgørelse af Lov om kommunale valg vom 25. 6. 1973, Lovtidende A 1973, Nr. 388, S. 1232.

[28] Gemeentewet, Gesetz vom 29. 6. 1851 mit zahlreichen Änderungen.

Art. 152 Abs. 3 des niederländischen Grundgesetzes besagt:

„(3) Um Mitglied des Rates sein zu können, ist erforderlich, daß man Niederländer oder durch Gesetz als niederländischer Untertan anerkannt und in der Gemeinde ansässig ist, das 23. Lebensjahr vollendet hat, weder von der Wählbarkeit noch von der Ausübung des Wahlrechts kraft der in Art. 90 Abs. 3 getroffenen Regelung ausgeschlossen ist, es sei denn, es handle sich um einen gerichtlichen Freiheitsentzug oder um eine Verurteilung zu einer Freiheitsstrafe, die nicht wegen Bettelei, Landstreicherei oder wegen einer Tat, die Trunkenheit in der Öffentlichkeit erweist, erfolgt ist[30]."

3.2.5. Großbritannien

Für das Vereinigte Königreich ergeben sich die Voraussetzungen für das passive Wahlrecht aus Art. 57 — (1) (a) — (d) des Local Government Act aus dem Jahre 1933[31]. In dieser Vorschrift wird das Wohnsitzprinzip mit einer gewissen Elastizität gehandhabt. Wahlberechtigt ist demnach nicht nur derjenige, der die Eigenschaft eines Wählers besitzt (mithin in der Gemeinde wohnt), sondern auch — über den Kreis dieser Bürgerkategorie hinaus — alle diejenigen, die z. B. nachweisen, daß sie seit zwölf Monaten vor der Wahl im Gemeindegebiet einer beruflichen Tätigkeit nachgehen, ohne daß sie deswegen in der Gemeinde wohnen müßten oder solche, die nachweisen, seit zwölf Monaten vor der Wahl im Gemeindegebiet als Eigentümer oder Pächter einen bestimmten Ort oder ein Gut bewohnt zu haben.

---

[29] Übersetzung, Art. 4 Abs. 2: „Unter Einsässigen werden in diesem Gesetz diejenigen verstanden, die ihren tatsächlichen Wohnsitz in der Gemeinde haben." Abs. 3: „Von denjenigen, die in das Bevölkerungsregister einer Gemeinde aufgenommen worden sind, wird — vorbehaltlich eines gegenteiligen Beweises — für die Anwendung dieses Gesetzes angenommen, daß sie ihren tatsächlichen Wohnsitz in der Gemeinde haben."

[30] Grundgesetz des Königreichs der Niederlande, siehe dazu die Übersetzung von *Mayer-Tasch*, S. 389.

[31] In Art. 57. — (1) (a) — (d) heißt es: "A person shall, unless disqualified by virtue of this Act (e) or any other enactment, be qualified to be elected and to be a member of a local authority if he is of full age and a British subject, and — (a) he is a local government elector for the area of the local authorty; or (b) he has during the whole of the twelve months preceding the day on which he is nominated as a candidate occupied as owner or tenant any land or other premises in the area of the local authority; or (bb) his principal or only place of work in the twelve months preceding the day on which he is nominated as a candidate has been in the area of the local authority; or (c) he has during the whole of the twelve months preceding the day on which he is nominated as a candidate (g) resided in the area of the local authority; or (d) in the case of a member of a parish council, he has either during the whole of the twelve months preceding the day on which he is nominated as a candidate (g) or since the twentyfifth day of March in the year preceding the year of election resided either in the parish or within three miles thereof."

3.2.6. Frankreich, Irland, Italien

Andere Staaten lassen die Wählbarkeit von Bürgern zu, die nicht Wähler in der Gemeinde sind. So wird in Frankreich das passive Wahlrecht zu den Gemeinderäten außer den Wählern in der Gemeinde auch denjenigen Bürgern zuerkannt, die, ohne die Eigenschaft als Wähler zu besitzen, eine wirtschaftliche Bindung zu einer Gemeinde haben, indem sie in das Register der direkten Steuern eingetragen sind: Art. L. 44 in Verbindung mit Art. L. 228[32].

In Art. L. 228 heißt es:

"Sont éligibles au conseil municipal tous les électeurs de la commune et les citoyens inscrits au rôle des contributions directes ou justifiant qu'ils devaient y être inscrits au 1er janvier de l'année de l'élection. Toutefois, le nombre des conseillers qui ne résident pas dans la commune au moment de l'élection ne peut excéder le quart des membres du conseil. S'il dépasse ce chiffre, la préférence est déterminée suivant les règles posées à l'article 25 du code de l'administration communale (1)."

Auch Irland und Italien lassen die Wählbarkeit von Bürgern zu, die nicht Wähler in der Gemeinde sind. In Italien wird von dem Bewerber lediglich verlangt, daß er im Wählerverzeichnis einer italienischen Gemeinde eingetragen ist[33].

4. Verbot des doppelten passiven Wahlrechts

Alle Mitgliedstaaten der EG — mit Ausnahme Großbritanniens und Irlands — verbieten die gleichzeitige Zugehörigkeit zu mehreren Gemeinderäten. Ausdrücklich ist dieses Verbot in gesetzlichen Bestimmungen Belgiens, Frankreichs und Italiens geregelt.

4.1. Belgien

In Art. 65 des belgischen Kommunalwahlgesetzes[34] heißt es:

"Niemand kann lid zijn van twee gemeenteraden[35]."

[32] Code électoral in der Fassung des Journal Officiel de la République Française, Paris 1973.

[33] Art. 14. — D. P. R. 16 maggio 1960, n. 570. — Testo Unico delle leggi per la composizione e la elezione degli organi delle Amministrazioni comunali, G. U. 23 giugno, n. 152, supplemento.

[34] Gemeentekieswet in der Fassung vom 26. 6. 1970 (Belgisch Staatsblad, 17. Juli).

[35] Übersetzung: „Niemand kann Mitglied sein von zwei Gemeinderäten."

4.2. Frankreich

In L. 238 des Code électoral Frankreichs[36] ist ausgeführt, daß niemand Mitglied mehrerer Gemeinderäte sein kann:

Article L. 238.

"Nul ne peut être membre de plusieurs conseils municipaux. Un délai de dix jours, à partir de la proclamation du résultat du scrutin, est accordé au conseiller municipal élu dans plusieurs communes pour faire sa déclaration d'option. Cette déclaration est adressée aux préfets des départements intéressés."

4.3. Italien

Italien verbietet die Zugehörigkeit zu mehreren Gemeinderäten in Art. 32 und 80 des einheitlichen italienischen Textes Nr. 570[37].

In Art. 32 heißt es in Abs. 8:

"Nessuno può essere candidato in più di una lista di uno stesso Comune, nè può presentarsi come candidato in più di due Comuni, qualora le elezioni avvengano nello stesso giorno. Chi è stato già eletto in un Comune, non può presentarsi come candidato in altri Comuni[38]."

Art. 80 Abs. 3 besagt:

"Il candidato che sia eletto contemporaneamente in due Comuni, deve optare per uno di essi entro otto giorni dall'elezione e, nell'altro, è surrogato a' termini dell'articolo seguente; in caso di mancata opzione, rimane eletto nel Comune in cui ha riportato il maggior numero di voti[39]."

---

[36] Code électoral in der Fassung des Journal Officiel de la République Française, Paris 1973.

[37] D. P. R. 16 maggio 1960, n. 570. — Testo Unico delle leggi per la composizione e la elezione degli organi delle Amministrazioni comunali, G. U. 23 giugno, n. 152, supplemento.

[38] Übersetzung, Art. 32 Abs. 8: „Niemand darf auf mehr als einer Liste derselben Gemeinde kandidieren und niemand darf in mehr als zwei Gemeinden als Kandidat auftreten, wenn die Wahlen am selben Tag stattfinden. Wer bereits in einer Gemeinde gewählt ist, darf sich nicht als Kandidat in anderen Gemeinden bewerben."

[39] Übersetzung, Art. 80 Abs. 3: „Der Kandidat, der gleichzeitig in zwei Gemeinden gewählt wird, muß sich innerhalb von acht Tagen seit der Wahl für eine von beiden entscheiden und wird in der anderen Gemeinde gemäß den Vorschriften des folgenden Artikels ersetzt; falls er sich nicht entscheidet, bleibt er Gewählter in der Gemeinde, in der er die höhere Stimmenzahl erreicht hat."

4.4. Dänemark, Luxemburg, Niederlande

In Dänemark, Luxemburg und den Niederlanden ergibt sich das Verbot des doppelten passiven Wahlrechts aus der in diesen Ländern bestehenden Notwendigkeit, daß nur gewählt werden kann, wer in der Gemeinde Wähler ist, zum anderen aus dem Verbot, in den Wählerverzeichnissen mehrerer Gemeinden eingetragen zu sein[40].

4.5. Großbritannien, Irland

In Großbritannien und Irland bleibt gegenwärtig — angesichts eines Staatsangehörigkeitsbegriffes, der in seiner Dimension weit über den der übrigen Mitgliedstaaten hinausreicht — unberücksichtigt, ob die unter den jeweiligen Staatsangehörigkeitsbegriff fallenden Bürger in ihrem Herkunftsland das passive Wahlrecht behalten oder nicht; sie unterscheiden auch nicht danach, ob den Inländern das Recht, in einem anderen Land gewählt zu werden, zuerkannt wird oder nicht[41].

---

[40] Siehe dazu den Bericht der Kommission der Europäischen Gemeinschaften, SEC (76) 504 vom 18. 2. 1976, S. 22.

[41] Bericht der Kommission der Europäischen Gemeinschaften, SEC (76) 504 vom 18. 2. 1976, S. 23.

Vierter Abschnitt

Rechtliche Möglichkeiten für die Zuerkennung des Kommunalwahlrechts an europäische Gemeinschaftsbürger

Nach der Beschreibung der Verfassungen in den Gemeinden der Mitgliedstaaten der EG sowie der Gegenüberstellung der verfassungsrechtlichen bzw. gesetzlichen Bestimmungen über das aktive und passive Wahlrecht auf kommunaler Ebene bleibt zu untersuchen, auf welchem Wege zweckmäßigerweise die Hauptschwierigkeiten überwunden werden können, die sich im positiven Recht der meisten Mitgliedstaaten bei der Zuerkennung des aktiven und passiven Wahlrechts an Angehörige der übrigen Mitgliedstaaten ergeben.

Für die Zuerkennung des herkömmlicherweise Inländern vorbehaltenen politischen Rechts der Teilnahme an Kommunalwahlen im Bereich der EG an EG-Bürger bieten sich grundsätzlich mehrere Methoden und Wege an.

1. Vorschläge

1.1. Europäisches Indigenat

Ein Weg besteht in der Einführung eines europäischen Indigenats[1] für die Bürger der EG nach dem Vorbild bundesstaatlicher Verfassungen. In diesem Falle bliebe die Staatsangehörigkeit der Bürger der EG erhalten, ihr Status der Gleichheit würde nur über das in den Gemeinschaftsverträgen vorgesehene Maß erweitert.

[1] Unter dem Begriff „Indigenat" ist die vollständige Rechtsgleichheit aller Bürger zu verstehen; alle bundesstaatlichen Verfassungen (vgl. Art. 110 Abs. 2 WRV; Art. 33 Abs. 1 und 3 und Art. 3 Abs. 3 GG) enthalten Gleichstellungsgebote nach Art von Art. 3 Abs. 1 der Verfassung des Deutschen Reiches von 1871: „Für ganz Deutschland besteht ein gemeinsames Indigenat mit der Wirkung, daß der Angehörige (Untertan, Staatsbürger) eines jeden Bundesstaates in jedem anderen Bundesstaate als Inländer zu behandeln und demgemäß zum festen Wohnsitz, zum Gewerbebetriebe, zu öffentlichen Ämtern, zur Erwerbung von Grundstücken, zur Erlangung des Staatsbürgerrechtes und zum Genusse aller sonstigen bürgerlichen Rechte unter denselben Voraussetzungen wie der Einheimische zuzulassen, auch in betreff der Rechtsverfolgung und des Rechtsschutzes demselben gleich zu behandeln ist."

1.1.1. *Voraussetzungen der Einführung*

Ein europäisches Indigenat könnte gemäß Art. 96 EGKSV, Art. 236 EWGV und Art. 204 EAGV im Wege der Vertragsrevision — bei einstimmiger Beschlußfassung im Rat — in dem gleichen Verfahren eingeführt werden, in dem die Gründung der Gemeinschaften vollzogen wurde, mit der Wirkung selbständiger rechtlicher Gleichstellung der Staatsbürger in den Mitgliedstaaten[2]. Dazu ist die Ratifizierung durch alle Vertragsstaaten gemäß ihren verfassungsrechtlichen Vorschriften erforderlich.

1.1.2. *Rechtliche Auswirkungen der Einführung*

Durch den im Wege des europäischen Indigenats begründeten Status der Gemeinschaftsangehörigkeit würde das bisherige Staatsangehörigkeitsverhältnis gegenüber den Mitgliedstaaten an rechtlicher Substanz verlieren, da bisherige staatsbürgerliche Rechte und Pflichten der Gemeinschaftsangehörigkeit zugeordnet würden[3].

Die Staatsangehörigkeit zum Mitgliedstaat würde materiell mit der Niederlassung im Mitgliedstaat erworben, weil die für die Verbandszugehörigkeit charakteristischen Mitwirkungsrechte und Mitwirkungspflichten — unter der Voraussetzung der Gemeinschaftszugehörigkeit — durch den Wohnsitz in einem Mitgliedstaat vermittelt würden. Mit der Niederlassung der Gemeinschaftsangehörigen in einem Land der Europäischen Gemeinschaften würden diese Personen zugleich als Inländer angesehen und behandelt.

1.1.3. *Bedenken*

Die Einführung des europäischen Indigenats setzt ein hohes Maß an Gemeinsamkeiten, Zusammengehörigkeit und Integration zwischen den Staaten der EG voraus.

Erst wenn sich die Gemeinschaften zu einem Verband mit eigener, durch die Staatsangehörigkeit vermittelter oder unmittelbar bestehender Gemeinschaftsangehörigkeit seiner Bürger entwickelt haben, wird man diesen Weg beschreiten können[4].

Dieses Stadium dürfte noch nicht erreicht sein und solange dieses Stadium europäischer Integration nicht erreicht ist, sollte ein anderer Weg gesucht werden, der in der Form politischer Teilintegration der EG-Bürger mittels Zuerkennung des Kommunalwahlrechts eine sinnvolle Ergänzung und schrittweise Verwirklichung des Ziels darstellt, auch in Europa künftig zu einem gemeinsamen Indigenat zu gelangen[5].

---

[2] *Grabitz*, Europäisches Bürgerrecht, S. 114.

[3] *Birkenheier*, Wahlrecht für Ausländer, S. 96.

[4] Im Ergebnis auch *Grabitz*, Europäisches Bürgerrecht, S. 111.

[5] *Sasse*, Kommunalwahlrecht für Ausländer?, S. 57.

1.2. Beseitigung des Erfordernisses der Staatsangehörigkeit

Ein zweites Verfahren zur Zuerkennung des Kommunalwahlrechts an EG-Bürger kann darin bestehen, zu deren Gunsten das Erfordernis der Staatsangehörigkeit zu beseitigen, die bislang in den meisten Mitgliedstaaten der EG eine Vorbedingung für die Ausübung des Wahlrechts auf kommunaler Ebene ist.

1.2.1. Voraussetzungen der Einführung

In einigen Ländern der EG ließe sich dieses Ergebnis im Wege einfacher Gesetzesänderung erzielen[6].

In denjenigen EG-Mitgliedstaaten aber, in denen die Innehabung der Staatsangehörigkeit als Voraussetzung zur Teilnahme sogar an Gemeindewahlen ausdrücklich in der Verfassung verankert[7] ist und solchen Staaten, in denen wie z. B. in der Bundesrepublik Deutschland die Staatsangehörigkeit als stillschweigend vorgesehene Bedingung betrachtet wird, müßte zuvor die Verfasung geändert werden.

1.2.2. Rechtliche Auswirkungen der Einführung

Auf diesem Wege würden den Angehörigen der Mitgliedstaaten der EG als Gemeinschaftsangehörigen im Aufnahmeland staatsbürgerliche und politische Rechte zuerkannt, ohne daß die Gemeinschaftsangehörigen die Staatsangehörigkeit des Aufnahmelandes zur Ausübung derartiger Rechte besitzen müßten und ohne daß sie die Staatsangehörigkeit ihres Herkunftslandes verlieren.

1.2.3. Bedenken

Die Tatsache, daß in einigen Staaten der EG Verfassungsänderungen erforderlich sind, um zu diesem Ergebnis zu gelangen, läßt diesen Weg fragwürdig erscheinen.

Zwar ist die Frage, ob in diesen Staaten die für Verfassungsänderungen erforderlichen Parlamentsmehrheiten für einen derartigen Schritt zu gewinnen wären, politischer Natur und keine Rechtsfrage, dennoch sollte — in der Praxis — die Schwerfälligkeit der einzelstaatlichen Verfahren zur Änderung der Verfassungsbestimmungen nicht unterschätzt werden[8].

---

[6] Siehe dazu die Ausführungen im 2. Teil, 2. Abschnitt, 2.2.2. und 2.2.4.

[7] So in Frankreich, Italien und den Niederlanden; siehe dazu: 2. Teil, 2. Abschnitt, 2.2.1. sowie den niederländischen Entwurf für eine Verfassungsänderung, durch die auch solchen Einwohnern, die nicht Niederländer sind, das Wahlrecht auf kommunaler Ebene zuerkannt werden soll, in: Bijlagen Tweede Kamer der Staten-Generaal, Zitting 1975 - 1976 ff., stukken 13 991 Nr. 1 ff.

[8] *Grabitz*, Europäisches Bürgerrecht, S. 114.

1.3. Einbürgerung

1.3.1. Darstellung des geltenden Gesetzesrechts

Ein dritter Weg zur vollen rechtlichen Gleichstellung, welcher zugleich die Zuerkennung des Wahlrechts impliziert, ist der einer Einbürgerung des Ausländers. Im Gegensatz zum Erwerb der Staatsangehörigkeit durch Geburt beruht der Staatsangehörigkeitserwerb durch Einbürgerung auf einem Staatsakt, dem eine rechtsgestaltende, konstitutive Bedeutung zukommt[9]. In allen Staaten der Europäischen Gemeinschaften ist die Einbürgerung von Mindesterfordernissen abhängig; dazu gehören zunächst ein bestimmtes Alter und ein unbescholtener Lebenswandel. Im allgemeinen wird auch der Aufenthalt innerhalb einer gewissen Frist im Inland als Voraussetzung der Einbürgerung betrachtet. Unterschiedlich sind die dafür in den Staatsangehörigkeitsgesetzen der Staaten der Europäischen Gemeinschaften vorgesehenen Fristen.

Nachfolgend werden die wesentlichen und entscheidenden Bestimmungen der Staatsangehörigkeitsgesetze der neun Mitgliedstaaten einander gegenübergestellt und in drei Punkten miteinander verglichen:

Voraussetzungen des Erwerbs der Staatsangehörigkeit durch Einbürgerung (Ausführungen: 1.3.1.1.), Verlust der Staatsangehörigkeit (Ausführungen: 1.3.1.2.), Besondere Vorschriften (1.3.1.3.).

1.3.1.1. Voraussetzungen des Erwerbs der Staatsangehörigkeit durch Einbürgerung

Die Einbürgerungsurkunde wird in Irland[10] nur unter der Voraussetzung verliehen, daß der Antragsteller in den letzten acht Jahren insgesamt vier Jahre im Staat gewohnt hat, wovon das letzte Jahr ununterbrochen sein muß.

In Italien[11], Dänemark[12], den Niederlanden[13] und Frankreich[14] beträgt die erforderliche Aufenthaltsdauer gewöhnlich fünf Jahre; die restli-

---

[9] *Makarov*, Allgemeine Lehren des Staatsangehörigkeitsrechts, S. 320.

[10] Sec. 15 (d) des Irish Nationality and Citizenship Act, 1956.

[11] Art. 4 Nr. 2 des Gesetzes Nr. 555 vom 13. 6. 1912 über die italienische Staatsangehörigkeit.

[12] § 3 des Staatsangehörigkeitsgesetzes Nr. 252 vom 27. 5. 1950 in der Fassung des Gesetzes Nr. 399 vom 11. 12. 1968 (die Vorschriften des Gesetzes Nr. 399 vom 11. 12. 1968 sind am 1. 1. 1969 in Kraft getreten).

[13] Art. 3 des Gesetzes vom 12. 12. 1892 über die niederländische Staatsangehörigkeit und die Eingesessenschaft (Stb. 268, in Kraft getreten am 1. 7. 1893, zuletzt geändert durch Gesetz vom 14. 11. 1963, Stb. 467, welches am 1. 3. 1964 in Kraft getreten ist).

[14] Art. 62 des Staatsangehörigkeitsgesetzes vom 19. 10. 1945 in der Fassung des Gesetzes Nr. 73/42 vom 9. 1. 1973 und des Gesetzes Nr. 74-631 vom 5. 7. 1974 über das Volljährigkeitsalter.

chen Staaten der Europäischen Gemeinschaften haben diese Fristen länger bemessen.

Für die Bundesrepublik Deutschland[15] ist der Zeitabschnitt, in welchem eine Niederlassung im Inland vorliegen muß, im Gesetz nicht festgelegt. Nach den von der Verwaltung zu befolgenden, durch die zuständigen Behörden der Länder der Bundesrepublik Deutschland ausgearbeiteten Richtlinien beträgt dieser Zeitabschnitt grundsätzlich zehn Jahre; auch hier sind Ausnahmen denkbar und vorgesehen[16].

In Luxemburg[17] muß sich der Einbürgerungswillige zehn Jahre im Großherzogtum aufgehalten haben, wobei der Aufenthalt während der fünf dem Gesuch unmittelbar vorausgehenden Jahre nicht unterbrochen worden sein darf.

Nach dem belgischen Staatsangehörigkeitsgesetz[18] bedingt die große Einbürgerung einen mindestens zehnjährigen gewöhnlichen und ständigen Aufenthalt in Belgien, bzw. läßt es fünf Jahre genügen, wenn der Einbürgerungswillige seit mindestens zwei Jahren die gewöhnliche Einbürgerung erlangt hat.

Großbritannien[19] verlangt einen mindestens siebenjährigen Aufenthalt bzw. einen ebenso langen Dienst in der britischen Krone als Voraussetzung für die Einbürgerung.

1.3.1.2. Verlust der Staatsangehörigkeit

In vier Staaten der Europäischen Gemeinschaften — Luxemburg[20], Italien[21], der Bundesrepublik Deutschland[22] und den Niederlanden[23] — verlieren die Bürger die Staatsangehörigkeit ihres Landes, wenn sie freiwillig eine fremde Staatsangehörigkeit erwerben und im Ausland ihren gewöhnlichen Wohnsitz nehmen.

Einige andere Staaten — Belgien[24], Frankreich[25], Großbritannien[26] und Irland[27] — sehen für diesen Fall des freiwilligen Erwerbs einer

[15] § 8 des Reichs- und Staatsangehörigkeitsgesetzes vom 22. 7. 1913 (RGBl., S. 583, BGBl. III 102-1).

[16] *Makarov*, Deutsches Staatsangehörigkeitsrecht, S. 63.

[17] Art. 6 des Gesetzes vom 22. 2. 1968 über die luxemburgische Staatsangehörigkeit in der Fassung des Gesetzes vom 26. 6. 1975.

[18] Art. 12 des Staatsangehörigkeitsgesetzes vom 14. 12. 1932 in der Fassung vom 8. 4. 1965, mit den Änderungen des Gesetzes vom 21. 3. 1969.

[19] Sec. 10: The British Nationality Act 1948, in Kraft getreten am 1. 1. 1949.

[20] Art. 25.

[21] Art. 8.

[22] § 17 i. V. m. § 25.

[23] Art. 7.

[24] Art. 18.

[25] Art. 87.

fremden Staatsangehörigkeit — im Gegensatz zu den oben genannten Staaten — keinen automatischen Verlust der eigenen Staatsangehörigkeit vor; nach den Staatsangehörigkeitsgesetzen dieser Länder verliert seine Staatsangehörigkeit demnach nur, wer auf die Staatsangehörigkeit des Heimatlandes in der vorgeschriebenen Form verzichtet hat.

Dänemark[28] hat in seinem Staatsangehörigkeitsgesetz eine Regelung getroffen, nach der durch königliche Entscheidung aus der dänischen Staatsangehörigkeit entlassen werden kann, wer eine fremde Staatsangehörigkeit besitzt oder erwerben will.

1.3.1.3. Besondere Vorschriften

Sowohl das belgische als auch das luxemburgische Staatsangehörigkeitsgesetz stehen einer doppelten Staatsangehörigkeit durch Einbürgerung — wie sich aus ihren Staatsangehörigkeitsgesetzen ausdrücklich ergibt — ablehnend gegenüber.

In Art. 14 des Staatsangehörigkeitsgesetzes in Belgien heißt es:

„Der Einbürgerungsantrag ist unzulässig, wenn der Antragsteller nach seinem Heimatrecht bei Erwerb einer neuen Staatsangehörigkeit die Möglichkeit hat, die bisherige Staatsangehörigkeit beizubehalten."

Gemäß Art. 7 des luxemburgischen Staatsangehörigkeitsgesetzes wird dem Ausländer die Einbürgerung verweigert:

„1. Wenn das Heimatrecht des Betreffenden diesem erlaubt, bei Erwerb einer fremden Nationalität seine eigene Nationalität beizubehalten, oder sich zu deren Beibehaltung ermächtigen zu lassen, es sei denn, daß der Antragsteller durch ihm von den zuständigen Behörden ausgestellte Zeugnisse und Bescheinigungen nachweist, daß er von dieser Befugnis keinen Gebrauch gemacht hat, und daß er seine frühere Nationalität verliert oder unwiderruflich verloren hat;

2. . . ."

Die Darstellung der gegenwärtigen Einbürgerungspraxis zeigt, daß in den meisten Ländern ein langwieriger Aufenthalt (fünf bis zehn Jahre) auf dem Gebiet des betreffenden Staates als Voraussetzung für die Einbürgerung gefordert wird, um auf diese Weise sicherzustellen, daß sich der Betreffende, der sich für längere Zeit im Hoheitsgebiet des Aufnahmestaates aufgehalten hat, hinreichend mit der Landessprache, den Gepflogenheiten, der Mentalität und dem institutionellen Rahmen, also mit wesentlichen Elementen des Staatsgefüges, vertraut machen konnte[29].

---

[26] Sec. 19.
[27] Sec. 21.
[28] § 9.
[29] *Sasse*, Kommunalwahlrecht für Ausländer?, S. 53.

Ebenso wurde deutlich, daß grundsätzlich der Erwerb einer doppelten Staatsangehörigkeit unerwünscht und zumeist der Erwerb einer fremden Staatsangehörigkeit mit dem Verlust der Staatsangehörigkeit des Heimatstaates verbunden ist.

1.3.2. Rechtliche Auswirkungen

Mit dem Einbürgerungsakt ist die völlige rechtliche und politische Gleichstellung mit den Staatsangehörigen durch Erwerb der Staatsangehörigkeit des Aufnahmelandes verbunden.

Die in allen Staaten praktizierte strenge und wenig großzügige Handhabung der Einbürgerung wird mithin verständlich, wenn man sich vor Augen führt, daß der Einbürgerungswillige mit dem Einbürgerungsakt voll in das staatliche und gesellschaftliche System des Staates eingegliedert wird.

1.3.3. Bedenken

An der Zweckmäßigkeit der verstärkten Einbürgerung von EG-Bürgern bestehen erhebliche Zweifel.

So stellt sich die Frage, ob nicht im Zuge einer künftigen Entwicklung der Gemeinschaften zu föderativer Vollstaatlichkeit[30] die — durch die Wahl dieses Weges bedingte — massenweise Einbürgerung im traditionellen Sinne sowohl eigenen Bedürfnissen der EG-Bürger als auch denjenigen der Aufnahmestaaten widerspricht[31].

Weiterhin ist zu bedenken, daß es vielen Bürgern der EG sehr schwer fallen wird, sich endgültig zu entscheiden, der Heimat den Rücken zu kehren und sich voll in einem anderen EG-Mitgliedstaat anzusiedeln, was sie durch einen endgültigen Einbürgerungsantrag dukumentieren müßten.

1.4. „Kleine Einbürgerung"

Angesichts dieser Rechtslage und Situation wäre es zweckmäßig und rechtspolitisch wünschenswert, einen Weg zu eröffnen, der einerseits die oben aufgezeigten Nachteile und Schwierigkeiten vermeidet und andererseits der Besonderheit der Stellung der Bürger der EG im jetzigen Integrationsstadium Rechnung trägt.

Dazu dient der Vorschlag, ein neues Institut auf EG-Ebene zu entwickeln, das als „Kleine Einbürgerung" bezeichnet werden kann. Nach einer Darstellung des Begriffes (1.4.1.) sollen die mit der „Kleinen Einbürgerung" verbundenen rechtlichen Auswirkungen (1.4.2.) und Voraussetzungen der Erlangung (1.4.3.) näher erläutert werden.

---

[30] *Hallstein*, Die Europäische Gemeinschaft, S. 11.
[31] *Sasse*, Kommunalwahlrecht für Ausländer?, S. 59.

1.4.1. Darstellung

Das Institut der „Kleinen Einbürgerung" soll Bürgern aus den Mitgliedstaaten der EG, die sich nicht nur vorübergehend — im Rahmen des Dienstleistungsverkehrs —, sondern für längere Zeit, auf Jahre, in einem anderen EG-Mitgliedstaat aufhalten, eine — diesem besonderen tatsächlichen Status entsprechende — soziale Eingliederung und Integration in das rechtliche und politische System des Aufnahmelandes rechtlich ermöglichen.

Auf dem Weg über die „Kleine Einbürgerung" sollen ihm — zusätzlich zu den bisherigen, aus der Sonderstellung als EG-Bürger fließenden Rechten — staatsbürgerliche und politische Rechte übertragen werden, die ansonsten den eigenen Staatsbürgern eines EG-Landes vorbehalten sind.

Das Modell der „Kleinen Einbürgerung" orientiert sich in seinen Grundzügen am belgischen Staatsangehörigkeitsrecht[32], in dem zur Erlangung politischer Rechte zwei Wege aufgezeigt werden:

1. die gewöhnliche Einbürgerung (la naturalisation ordinaire)
2. die große Einbürgerung (la grande naturalisation).

Obwohl der Einbürgerungswillige bereits durch die „gewöhnliche Einbürgerung" die Staatsangehörigkeit des Aufnahmelandes erwirbt, bleibt er von den meisten staatsbürgerlichen Rechten und Pflichten ausgeschlossen, die er erst im Zuge der „großen Einbürgerung" erwirbt[33].

Die „gewöhnliche Einbürgerung" verschafft ihm die Möglichkeit zu verstärkter Integration im Aufnahmestaat durch Erlangung gewisser — allerdings beschränkter — Mitwirkungsrechte.

In Frankreich unterliegen selbst eingebürgerte Ausländer während einer bestimmten, gesetzlich angeordneten Frist Beschränkungen hinsichtlich der Wahrnehmung gewisser Wahlämter und Mandate bzw. der Ernennung in ein öffentliches, vom Staat besoldetes Amt[34].

---

[32] Staatsangehörigkeitsgesetz Belgiens vom 14. 12. 1932 in der Fassung vom 8. 4. 1965, mit Änderungen des Gesetzes vom 21. 3. 1969 — Art. 12 und 13.

[33] Die gewöhnliche Einbürgerung schließt z. B. folgende Rechte aus: Das passive Wahlrecht für die Abgeordnetenkammer (Art. 50 der Verfassung), für den Senat (Art. 56 der Verfassung), für den Provinzialrat (Art. 23 des Ges. vom 19. 10. 1921), das Recht, ein Ministeramt zu bekleiden (Art. 86 der Verfassung), das Recht, Geschworener zu sein (Art. 97 des Ges. vom 18. 6. 1869), das Recht, das Amt eines Richters oder eines stellvertretenden Richters bei den Handelsgerichten auszuüben (Art. 6 des Ges. vom 13. 6. 1924).

[34] Art. 81 des Staatsangehörigkeitsgesetzes vom 19. 10. 1945 in der Fassung des Gesetzes Nr. 73/42 vom 9. 1. 1973: „L'étranger naturalisé est soumis aux incapacités suivantes:

1. Pendant un délai de dix ans à partir du décret de naturalisation, il ne peut être investi de fonctions ou de mandats électifs pour l'exercice desquels la qualité de Français est nécessaire.

1.4.2. Ziel — Zweck — Rechtliche Auswirkungen

Mit der „Kleinen Einbürgerung“ wird die Staatsangehörigkeit des betreffenden Aufnahmestaates erworben, jedoch funktional begrenzt und beschränkt auf bestimmte politische Rechte, die auf diesem Wege — durch eine Vereinbarung aller EG-Mitgliedstaaten untereinander — auf EG-Bürger übertragen werden.

Aus der Vereinbarung der EG-Staaten müßte die Verpflichtung resultieren, Angehörigen der anderen Mitgliedstaaten, die sich in ihrem Hoheitsgebiet aufhalten, das aktive und passive Wahlrecht im Rahmen der Kommunalwahlen zu gewähren.

Die den EG-Bürgern auf diese Weise zugesprochenen und übertragenen Rechte könnten im Zuge fortschreitender Entwicklung nach Belieben erweitert und insbesondere im Hinblick auf Komplementärrechte und -funktionen zum Wahlrecht ausgedehnt werden.

Der aus der „Kleinen Einbürgerung“ resultierende Erwerb der „funktionalen“ Staatsangehörigkeit im Aufnahmeland berührt seine Staatsangehörigkeit sowie seine Rechts- und Pflichtenstellung — ausgenommen in bezug auf das konkret ihm im Aufnahmestaat übertragene Recht — im Heimatstaat nicht.

Drittstaaten gegenüber hat die „funktionale“ Staatsangehörigkeit in der Regel keine Außenwirkung; der EG-Bürger bleibt insofern Bürger seines Heimatstaates. Mit dem Institut der „Kleinen Einbürgerung“ würde mithin keine doppelte Staatsangehörigkeit im herkömmlichen Sinne begründet, da die neuerworbene nicht als vollwertige Staatsangehörigkeit, sondern lediglich als funktional orientiert und beschränkt angesehen werden muß. Wie bei der Einführung eines europäischen Indigenats erlebt das Prinzip der Staatsangehörigkeit im traditionellen Sinne auch bei Einführung des hier vorgeschlagenen Instituts — durch eine entsprechende Wandlung der Verfassungslage — einen Bedeutungswandel und wird in seinem Wesen nicht unerheblich verändert, da durch die „Kleine Einbürgerung“ einem EG-Bürger die „funktionale“ Staatsangehörigkeit des Aufnahmestaates zuerkannt wird, obwohl ihm gleichzeitig alle Attribute der Staatsangehörigkeit im übrigen vorenthalten werden.

1.4.3. Voraussetzungen des Erwerbs

1.4.3.1. EG-Bürger

Das Verfahren der „Kleinen Einbürgerung“ sollte — im Gegensatz zur Einbürgerung im traditionellen Sinne, die allen Ausländern zur Er-

---

2. Pendant un délai de cinq ans à partir du décret de naturalisation, il ne peut être nommé à des fonctions publiques rétribuées par l'Etat.“

langung des Aktivbürgerstatus zusteht — auf Angehörige der Mitgliedstaaten der EG beschränkt bleiben.

Schon heute sind die Bürger der EG nicht mehr in dem Sinne Ausländer, wie das nationale Recht weiterhin andere Bürger als Ausländer behandelt[35]. Im Unterschied zu anderen Ausländern können sie frei in jeden anderen Mitgliedstaat einreisen, um sich dort als unselbständige Arbeitnehmer oder als selbständige Erwerbstätige niederzulassen[36]. Dieses Recht auf Einreise, Aufenthalt und Verbleib gilt aufgrund der Freizügigkeitsregeln der EG. EG-Bürger haben jedoch nicht nur das Recht, sich während der Dauer ihrer Beschäftigung in einem EG-Staat aufzuhalten, sondern auch nach Beendigung ihrer Beschäftigung gemäß Art. 48 Abs. 3 lit. d EWGV im Aufnahmeland zu verbleiben. Sie dürfen ihre Familie mitbringen[37], und ihre Kinder haben kraft Gemeinschaftsrecht einen Anspruch auf Teilnahme am allgemeinen Schulunterricht.

Hinzu kommt, daß EG-Angehörige infolge der politischen Homogenität der in der Gemeinschaft zusammengeschlossenen Staaten im Umgang mit demokratischen Einrichtungen und Verfahrensweisen im allgemeinen vertraut sind, so daß — insbesondere bei einer Beteiligung am kommunalen Willensbildungsprozeß — Risiken und Schwierigkeiten bei einer Einordnung in das System eines EG-Mitgliedstaates für einen Bürger der EG gering wären[38].

Das Gemeinschaftsrecht, in dem der Status der EG-Bürger verankert ist, eröffnet ihnen also den Schritt über die nationalen Grenzen hinweg. Wenngleich dies bislang nur in ihrer ökonomisch relevanten Rolle geschieht, so liegt in der EG aber die Tendenz[39], den Bürger in den Euro-

---

[35] *Ipsen*, Europäisches Gemeinschaftsrecht, S. 252.

[36] Siehe dazu: Richtlinie Nr. 64/220 EWG zur Aufhebung der Reise- und Aufenthaltsbeschränkungen für Staatsangehörige der Mitgliedstaaten innerhalb der Gemeinschaft auf dem Gebiet der Niederlassung und des Dienstleistungsverkehrs vom 25. 2. 1964 (ABl. S. 845); neugefaßt durch die Richtlinie Nr. 73/148/EWG vom 21. 5. 1973 (ABl. L 172, 14 vom 28. 6. 1973); Verordnung Nr. 38/64/EWG vom 25. 3. 1964 (ABl. S. 965); neugefaßt durch die Verordnung Nr. 1612/68/EWG vom 15. 10. 1968 (ABl. L. 257 vom 19. 10. 1968) über die Freizügigkeit der Arbeitnehmer innerhalb der Gemeinschaft; Richtlinie Nr. 68/360/EWG zur Aufhebung der Reise- und Aufenthaltsbeschränkungen für Arbeitnehmer der Mitgliedstaaten und ihre Familienangehörigen innerhalb der Gemeinschaft (ABl. L 257 vom 19. 10. 1968); Verordnung Nr. 1251/70/EWG vom 29. 6. 1970 (ABl. L 142, 24).

[37] *Henkel*, Integration und Repräsentation, S. 105.

[38] *Sasse*, Kommunalwahlrecht für Ausländer?, S. 15.

[39] *Hallstein* spricht in diesem Zusammenhang von „Politischer Union“, die er als identisch mit der „politischen Einheit Europas“ betrachtet, auf die hin die bestehende Gemeinschaft angelegt sei und die den Gründern als Endziel vorgeschwebt habe (*Hallstein*, Die Europäische Gemeinschaft, S. 312); „die politische Integration ist im vollen Gange. Sie muß nicht eingeleitet, sondern auf weitere Bereiche des staatlichen Lebens ausgedehnt werden“ (*Hallstein*, Zu den Grundlagen und Verfassungsprinzipien der Europäischen Gemeinschaften, S. 5).

päischen Gemeinschaften in politischer und rechtlicher Hinsicht dem Staatsbürger gleichzustellen, zwischenzeitlich aber Wege zur schrittweisen Verwirklichung dieses Ziels zu finden. Der Vorschlag liegt also auf der Linie der Entwicklung zur vollständigen Inländergleichstellung auf dem Gebiet der politischen Rechte.

1.4.3.2. Antrag

Die „Kleine Einbürgerung" kann durch Antrag eines Bürgers der EG in einem Mitgliedstaat erworben werden.

1.4.3.3. Alter

Um den Antrag auf eine „Kleine Einbürgerung" stellen zu können, muß der Einbürgerungswillige ein bestimmtes — von der EG festzulegendes — Alter haben.

1.4.3.4. Wohnsitz

Da die Verleihung der „funktionalen" Staatsangehörigkeit im Wege der „Kleinen Einbürgerung" mit der Gewährung des Kommunalwahlrechts in der Gemeinde verbunden ist, in der sich der EG-Bürger niedergelassen hat, stellt sich die Frage, ob die EG-Bürger denselben Wohnsitzbedingungen, die von Inländern erfüllt werden müssen, unterworfen werden sollen, oder ob es gerechtfertigt erscheint, für die Dauer des Wohnsitzes in der Gemeinde speziell längere Fristen zu normieren.

Lediglich Irland gewährt bereits heute Ausländern unter denselben Wohnsitzbedingungen Wahlrecht auf der Gemeindeebene, die auch für Inländer gelten[40]. In- und Ausländer können sich in diesem Staat an den Gemeindewahlen beteiligen, ohne dort einen Hauptwohnsitz zu haben.

Einige der übrigen Mitgliedstaaten haben in ihren Kommunalwahlgesetzen davon abgesehen, den tatsächlichen Aufenthalt mit dem aktiven und passiven Wahlrecht zu verknüpfen, andere wiederum haben den tatsächlichen Auftenhalt zur Vorbedingung für die Verleihung des Kommunalwahlrechts erklärt, die Frist der Aufenthaltsdauer jedoch verhältnismäßig kurz gehalten[41].

Im Unterschied zum Erwerber der „funktionalen" Staatsangehörigkeit kann beim Staatsangehörigen des betreffenden Aufnahmelandes wegen seiner Staatszugehörigkeit bereits eine gewisse Vertrautheit und Verbundenheit mit dem Gesamtsystem des Staates, mit seinen Grundlagen, seiner Struktur und den Gepflogenheiten unterstellt werden[42].

---

[40] Siehe dazu die Ausführungen im 2. Teil, 2. Abschnitt, 3.2.4.

[41] Dazu: 2. Teil, 2. Abschnitt, 3.2.

[42] *Sasse*, Kommunalwahlrecht für Ausländer?, S. 53.

Wenn die Einbürgerung oft von langen Fristen hinsichtlich der Niederlassung im Inland abhängig gemacht wird, um dem Ausländer Gelegenheit zu verstärkter Einbettung und Verankerung im Staate zu geben, bevor ihm alle staatsbürgerlichen, politischen Rechte und Pflichten übertragen werden, so müßte bei einer Übertragung des Kommunalwahlrechts an Ausländer die Aufenthaltsdauer zwar erheblich unter dieser Frist bleiben, gleichzeitig aber die nach dem gegenwärtigen Kommunalrecht fast aller Mitgliedstaaten für Inländer geltenden Wohnsitzbedingungen (Zeiträume) übersteigen.

Die gegenüber der vollen Einbürgerung kürzere Frist eines Aufenthaltes würde ausreichen, einen EG-Bürger hinreichend mit den politischen Verhältnissen eines Landes vertraut werden zu lassen. Die kürzere Frist rechtfertigt sich aus dem gegenüber der vollen Staatsangehörigkeit reduzierten Ausmaß an übertragenen Rechten und Pflichten.

Zwei Möglichkeiten bieten sich an, gesetzlich die Frist für die Zuerkennung des aktiven und passiven Wahlrechts durch Gemeinschaftsangehörige auf Gemeindeebene zu regeln.

Es könnten die einzelstaatlichen Regelungen, betreffend die Bedingungen des Aufenthaltes in der Gemeinde, dahingehend geändert werden, daß nunmehr für den Erwerb der funktionalen Staatsangehörigkeit eine Aufenthaltsdauer der EG-Bürger in der betreffenden Gemeinde postuliert wird, die in der Zeitbemessung die für Inländer geltende Wohnfrist um drei Jahre überschreitet.

Zweckmäßiger wäre wohl die Beschreitung eines zweiten Weges, nicht mittels Änderung, sondern durch Ergänzung der einzelstaatlichen Bestimmungen zum gleichen Ziel zu gelangen. Wenn man berücksichtigt, daß die Gemeinden in allen Staaten der EG ihre Politik nicht losgelöst vom zentralen politischen Prozeß, sondern in ständiger gegenseitiger Durchdringung betreiben, erscheint es sinnvoll, in Würdigung dieser gesamtpolitischen und staatlichen Zusammenhänge das Wahlrecht zu den Gemeindeparlamenten von einem vorherigen tatsächlichen Aufenthalt von bestimmter Dauer im Hoheitsgebiet des Aufnahmestaates abhängig zu machen. Konkret wird vorgeschlagen, neben den bereits in den Gemeindeordnungen und Kommunalwahlgesetzen allgemein normierten und auch für Inländer geltenden Fristen einen Zeitraum von drei Jahren vorzusehen, während dessen der Ausländer seinen ständigen Aufenthalt in dem betreffenden Aufnahmeland haben muß[43].

Nach einem weiteren Jahr könnte ihm dann zusätzlich automatisch das passive Wahlrecht zugesprochen werden[44].

[43] *Sasse*, Kommunalwahlrecht für Ausländer?, S. 54.

[44] *Henkel*, Integration und Repräsentation, S. 115.

1.4.3.5. Sprache

Mit der Verleihung des Wahlrechts auf der Gemeindeebene erlangt der EG-Bürger die Möglichkeit, gestaltend auf das Geschehen in der Gemeinde Einfluß zu nehmen und die Gewählten zu kontrollieren. Eine solche Kontrolle setzt — über eine hinreichende Information bezüglich des politischen und sozialen Lebens des Gemeinwesens hinaus — eine weitgehende Beherrschung der Sprache des Aufnahmelandes voraus. So wäre die „Kleine Einbürgerung" weiterhin vom Nachweis ausreichender Sprachkenntnisse des Aufnahmelandes abhängig zu machen.

2. Abschließende Würdigung

Das hier vorgeschlagene neu zu schaffende Institut der „Kleinen Einbürgerung" mit der damit verbundenen Übertragung gewisser politischer Rechte — Zuerkennung des aktiven und passiven Wahlrechts auf kommunaler Ebene — hat für den Bürger der EG gegenüber allen anderen Formen und Wegen zur Integration der EG den unübersehbaren Vorteil, daß es die in diesem Zusammenhang auftretenden und näher dargelegten Schwierigkeiten und Nachteile vermeidet und zugleich den EG-Bürger in seiner Sonderstellung berücksichtigt.

Während sich der Weg über das europäische Indigenat im jetzigen Integrationsstadium als noch nicht realisierbar erwies, ließen sich bei der Überlegung, das Merkmal der Staatsangehörigkeit als Wahlrechtsbedingung abzuschaffen, durch Verfassungsänderungen in mehreren Mitgliedstaaten bedingte politische Schwierigkeiten erwarten, die mit dem Institut der „Kleinen Einbürgerung" dadurch umgangen werden, daß bei diesem Verfahren keine Verfassungsänderungen in den Staaten der Europäischen Gemeinschaften erforderlich werden.

Der Vorteil des Instituts der „Kleinen Einbürgerung" gegenüber der Einbürgerung im traditionellen Sinne für den EG-Bürger ist ebenso evident.

Dem Gemeinschaftsbürger wird es oft schwerfallen, sich für einen Wechsel der Staatsangehörigkeit zu entscheiden, insbesondere dann, wenn er nicht mit Sicherheit weiß, ob er sich auf Dauer in dem betreffenden EG-Land niederlassen will[45]. Mit der Einbürgerung nach geltendem Recht ist zudem gleichzeitig ein Wechsel der für die familienrechtlichen Statusverhältnisse maßgeblichen Rechtsordnung verbunden. Alle diese für den einzelnen schwerwiegenden Folgen werden bei der „Kleinen Einbürgerung" vermieden. Bis zur Entscheidung des EG-Bürgers, seiner Heimat endgültig den Rücken zu kehren und sich in einem an-

[45] *Grabitz*, Europäisches Bürgerrecht, S. 114.

deren EG-Mitgliedstaat voll anzusiedeln, was er dann durch einen endgültigen Einbürgerungsantrag dokumentieren kann, wird ihm durch die Verleihung der „funktionalen" Staatsangehörigkeit mit den oben beschriebenen Konsequenzen die Eingliederung in das rechtliche und politische System des Aufnahmelandes ermöglicht.

Der Vorschlag kann noch durch die Überlegung ergänzt werden, im Gegensatz zur Einbürgerung im traditionellen Sinne den Bürgern der EG einen Rechtsanspruch auf die „Kleine Einbürgerung" bei Erfüllung der oben genannten Bedingungen und Voraussetzungen zu erteilen.

Durch das auf dem Wege der „Kleinen Einbürgerung" mittels Erlangung der „funktionalen" Staatsangehörigkeit verliehene aktive und passive Wahlrecht zu den Organen der kommunalen Selbstverwaltung wird den EG-Bürgern, die ein unbegrenztes Aufenthaltsrecht in einem Staat der EG haben, die Möglichkeit eingeräumt, in einem Bereich, in dem bekanntlich zahlreiche spezifische Schwierigkeiten der ausländischen Bürger — wie Wohnungsprobleme, Gesundheitsversorgung und Schulerziehung (einschließlich der Kleinkinderbetreuung) — wurzeln, an der Gestaltung der Lebensverhältnisse verantwortlich mitzuwirken.

Nach der Darstellung der rechtlichen Möglichkeiten für die Zuerkennung des Kommunalwahlrechts an europäische Gemeinschaftsbürger sollen im folgenden Vorschläge zur konkreten Ausgestaltung des Kommunalwahlrechts in den Staaten der Europäischen Gemeinschaften unterbreitet werden.

Fünfter Abschnitt

Vorschläge zur konkreten Ausgestaltung des Kommunalwahlrechts durch die Länder der Europäischen Gemeinschaften unter Berücksichtigung der geltenden Rechtslage in den EG-Staaten

Nachdem sich aus der vergleichenden Gegenüberstellung der Kommunalwahlgesetze in den Staaten der Europäischen Gemeinschaften ergeben hat, daß bereits heute die Möglichkeit zur mehrfachen Stimmabgabe in zwei Mitgliedstaten besteht und in drei Staaten die Staatsangehörigen der Wahlpflicht unterworfen sind, stellt sich die Frage, ob sich aus den gewonnenen Erkenntnissen Schlußfolgerungen für die konkrete Gestaltung einer gemeinschaftlichen Wahlrechtsregelung auf Gemeindeebene ziehen lassen.

1. Die mehrfache Stimmabgabe

1.1. Problemstellung

Im Rahmen der Europäischen Gemeinschaften besteht die Möglichkeit zur mehrfachen Stimmabgabe bereits heute in zwei Mitgliedstaaten, die — nach geltender Gesetzeslage — den Angehörigen anderer Mitgliedstaaten ein aktives Wahlrecht einräumen: Irland und Großbritannien[1].

Da in Irland für die Wahrnehmung des aktiven Wahlrechts keine Voraussetzung hinsichtlich der Staatsangehörigkeit erfüllt zu werden braucht und bezüglich des Wohnsitzes keine stringenten Voraussetzungen bestehen — in einer Gemeinde werden auch solche als wohnhaft angesehen, die auf dem Gemeindeterritorium einen Pacht- oder Mietvertrag nachweisen können —, können sich in diesem Land die Angehörigen der Mitgliedstaaten der EG an Kommunalwahlen beteiligen, sofern in ihrer Person wahlrechtliche Anknüpfungspunkte gegeben sind.

Dabei kann es dann zu Fällen einer mehrfachen Stimmabgabe kommen, wenn EG-Bürger neben der Berechtigung zur Teilnahme an Wah-

---

[1] Siehe dazu: 2. Teil, 2. Abschnitt, 2.2.4.

len in ihrem Heimatstaat die Wahlrechtsqualifikation für Irland durch Erfüllung der entsprechenden irischen Wahlrechtsbedingungen erwerben[2].

Auch nach den gesetzlichen Bestimmungen Großbritanniens[3] kann es für Bürger der EG — Iren — zur mehrfachen Stimmabgabe kommen. So muß der Wähler — neben seiner Residenzpflicht — die Eigenschaft eines „british subject" oder eines Bürgers der Republik Irland haben; das bedeutet, daß ein Ire, der in seiner Heimatgemeinde in Irland die Eigenschaft eines „occupant" besitzt und in Großbritannien „resident" ist, das aktive Wahlrecht sowohl in Irland als auch in Großbritannien ausüben kann.

Das Problem der mehrfachen Stimmabgabe, das mithin bereits heute — wie an den Beispielen Irland und Großbritannien dargestellt wurde — besteht, erhielte in dem Augenblick eine ganz andere, bedeutend größere Dimension, wenn auf Gemeinschaftsebene den EG-Bürgern in den jeweiligen Mitgliedstaaten unter den oben beschriebenen Voraussetzungen das Wahlrecht auf kommunaler Ebene gewährt würde[4].

Bei der Auseinandersetzung mit dem Phänomen der mehrfachen Stimmabgabe wird man als zu erstrebendes Endziel im Auge haben müssen, dem Gemeinschaftsbürger nur in einer Gemeinde eines Landes der EG das Kommunalwahlrecht zu gewähren, um auf diese Weise — durch Vermeidung einer mehrfachen Stimmabgabe — zu dokumentieren, daß die Hoheitsgebiete der Europäischen Gemeinschaften als Einheit betrachtet werden. Nachfolgend sollen einige Methoden und Wege, die mehrfache Stimmabgabe zu verbieten, aufgezeigt werden (Ausführungen: 1.1.1.).

Im Anschluß an eine Untersuchung[5] der Auswirkungen eines derartigen Verbotes auf die gegenwärtig gültigen Wahlrechtsbestimmungen der Mitgliedstaaten (Ausführungen: 1.1.2.) wird ein Vorschlag zur einstweiligen, vorübergehenden Bewältigung des Problems der mehrfachen Stimmabgabe (Ausführungen: 1.2.) unterbreitet.

1.1.1. Möglichkeiten zur Vermeidung einer mehrfachen Stimmabgabe

Ein erstes Verfahren könnte darin bestehen, daß alle Mitgliedstaaten das aktive Wahlrecht vom tatsächlichen Aufenthalt abhängig machen.

---

[2] 2. Teil, 2. Abschnitt, 2.2.4 und 3.2.4.

[3] 2. Teil, 2. Abschnitt, 2.2.4 und 3.2.3.

[4] Siehe dazu den Bericht der Kommission der Europäischen Gemeinschaften, SEC (76) 504 vom 18. 2. 1976, S. 30.

[5] Bericht der Kommission der Europäischen Gemeinschaften, SEC (76) 504 vom 18. 2. 1976, S. 31 und 32.

Der zweite Weg, der sich eröffnet, wäre der, alle Angehörigen der Gemeinschaften zwischen der Möglichkeit der Stimmabgabe im Heimatland und im Aufnahmeland wählen zu lassen.

1.1.2. Auswirkungen auf die geltenden Wahlrechtsbestimmungen

Die Praktizierung des ersten Verfahrens würde dazu führen, daß die Staatsangehörigen der Länder der EG unterschiedlich durch diese Maßnahme betroffen wären. Diejenigen, deren Heimatländer das aktive Wahlrecht nicht vom tatsächlichen Aufenthalt abhängig machen (Frankreich, Irland und Italien)[6], verlören die Möglichkeit der Stimmabgabe in ihren Heimatländern, die sie bislang auch dann haben, wenn sie im Ausland wohnen; für die Staatsangehörigen der anderen EG-Staaten würde sich dagegen in dieser Hinsicht nichts ändern.

Wird der zweite Weg eingeschlagen, bedingt dies in den meisten Mitgliedstaaten eine Änderung der gesetzlichen Bestimmungen für die Zuerkennung des aktiven Wahlrechts.

So müßte in Belgien, Luxemburg, Niederlanden, Dänemark und Großbritannien das strikte Wohnsitzprinzip als Wahlrechtsbedingung beseitigt werden. Dies ließe sich in zweifacher Weise bewerkstelligen:

Für die im Ausland lebenden Staatsangehörigen könnte die Briefwahl eingeführt werden *oder* allen könnte die heute z. B. schon in Frankreich, Italien und Irland eingeräumte Möglichkeit gewährt werden, sich, sofern in ihrer Person wahlrechtliche Anknüpfungspunkte gegeben sind, in die Wählerverzeichnisse einer Gemeinde eintragen zu lassen, auch wenn sie sich in ihr nicht ständig aufhalten.

1.2. Vorschlag

Es ist erstrebenswert, den Ländern der EG bei der konkreten Ausgestaltung des Wahlverfahrens möglichst freie Hand zu lassen; zu überlegen bleibt deshalb, ob es nicht — für ein Übergangsstadium bis zum Zeitpunkt der vollen Harmonisierung der Wahlrechtsordnungen der Staaten der EG — möglich ist, eine Regelung zu finden, die zwar die bei der Zuerkennung des aktiven Wahlrechts bestehende und grundsätzlich unerwünschte Möglichkeit einer drei- oder vierfachen Stimmabgabe verhindert, aber dennoch die zur Zeit geltenden Wahlrechtsbestimmungen in den Staten der EG nur unwesentlich tangiert, so daß keine allzu umfassenden Änderungen erforderlich werden.

Bis zu dem Zeitpunkt, in dem im Zuge einer fortgeschrittenen Integration den Gemeinschaftsbürgern das Wahlrecht nur in einer Gemein-

[6] Siehe dazu: 2. Teil, 2. Abschnitt, 3.2.2., 3.2.4., 3.2.5.

de eines Landes auf dem Gebiet der EG gewährt wird, eröffnen sich zwei Möglichkeiten; ein Weg wäre, das Recht zur Wahl zwischen der Stimmabgabe im Heimatland und im Aufnahmeland lediglich den Staatsangehörigen aus den EG-Ländern zu gewähren, die das aktive Wahlrecht nicht vom tatsächlichen Aufenthalt abhängig machen (Frankreich, Irland und Italien)[7], wobei zwischen dem Heimatland und dem Aufnahmestaat eine Übereinkunft darüber denkbar wäre, den EG-Bürgern das Kommunalwahlrecht bei Zuerkennung in einem Staat im anderen abzuerkennen.

Die übrigen Mitgliedstaaten würden das Wahlrecht insoweit wie bisher vom tatsächlichen Aufenthalt in der betreffenden Gemeinde abhängig machen.

Die grundsätzlich unerwünschte Möglichkeit einer drei- oder vierfachen Stimmabgabe würde aber auch schon dadurch verhindert, daß man lediglich EG-Bürgern aus den drei oben genannten Staaten — Frankreich, Irland und Italien — einräumte, ungeachtet der Zuerkennung des aktiven Kommunalwahlrechts im Aufnahmeland — entsprechend der bisherigen Regelung — auch das Wahlrecht ihres Heimatstaates beizubehalten, wenn sie die weiteren dazu erforderlichen Voraussetzungen erfüllen. Dieses Verfahren beträfe nur diese drei Staaten und führte nicht über ein doppeltes Stimmrecht hinaus.

Wie die voranstehenden Darlegungen gezeigt haben, gibt es verschiedene Methoden und Verfahren, das Problem der mehrfachen Stimmabgabe in ihrer europäischen Perspektive zu behandeln.

Aus den dargelegten Gründen erscheint es dem Verfasser ratsam und sinnvoll, den letztgenannten Weg zu beschreiten.

2. Wahlpflicht

Falls das Institut der „Kleinen Einbürgerung“ mit der damit verbundenen Zuerkennung des Kommunalwahlrechts eingeführt werden sollte, erhebt sich die Frage, ob auch ein im Wege der Erlangung der „funktionalen“ Staatsangehörigkeit auf kommunaler Ebene wahlberechtigter EG-Bürger in einem Aufnahmeland, in dem Wahlpflicht besteht, von seinem aktiven Wahlrecht Gebrauch machen muß oder ob für diesen Fall eine unterschiedliche Regelung zulässig ist, wonach diese wahlberechtigte Personengruppe der Wahlpflicht nicht unterliegt.

Drei Staaten der EG — Belgien, Luxemburg und Italien — erblicken im Wahlrecht mehr als eine moralische Pflicht, sie sehen darin eine so-

[7] Siehe dazu: 2. Teil, 2. Abschnitt, 3.2.2., 3.2.4., 3.2.5.

ziale Obliegenheit mit der Folge, daß in diesen Staaten eine gesetzliche Verpflichtung zur Wahl besteht. Während Italien bei Nichtausübung des Wahlrechts auf Gemeindeebene keine Sanktionen vorsieht, sehen sich die der Wahlpflicht unterworfenen Belgier und Luxemburger solchen ausgesetzt[8].

Gegen eine Auferlegung der Wahlpflicht ließe sich einerseits anführen, Ausländer seien im allgemeinen weniger betroffen, weniger motiviert und politisch weniger engagiert als Inländer; außerdem sei es für einen Ausländer, in dessen Heimatstaat die Wahlenthaltung üblicherweise als Ausdruck eines politischen Willens gewertet wird, nicht verständlich, in einem anderen EG-Mitgliedstaat plötzlich unter Androhung von Strafen zur Teilnahme an einer Wahl gezwungen zu werden.

Es ist jedoch zu bedenken, daß — nach dem hier entwickelten Vorschlag — das Wahlrecht zu den Gemeinderäten nicht automatisch mit der Niederlassung in einem dieser Staaten, sondern durch besonderen Antrag des Gemeinschaftsbürgers auf „Kleine Einbürgerung“ erworben wird.

Die Zuerkennung des Wahlrechts ist somit die Folge eines vom EG-Bürger bewußt gewollten und vollzogenen Schrittes.

Daher erscheint es — insbesondere unter dem Gesichtspunkt der Gleichbehandlung derjenigen, die die Staatsangehörigkeit bzw. die „funktionale“ Staatsangehörigkeit der Mitgliedstaaten besitzen — in diesem Zusammenhang geboten, Ausländer nach erfolgter Eintragung in das Wählerverzeichnis der Gemeinden des Wohnsitzes wie Inländer unter Androhung von Strafen der Wahlpflicht zu unterwerfen[9].

Abschließend soll noch die Frage erörtert werden, auf welche Weise die Idee eines einheitlichen Kommunalwahlrechts auf Gemeinschaftsebene verwirklicht werden kann.

3. Verwirklichungsmöglichkeiten auf der Gemeinschaftsebene

Die Zuerkennung des aktiven und passiven Wahlrechts an Angehörige der Mitgliedstaaten im Hinblick auf deren Beteiligung an den Kommunalwahlen in einem Aufnahme-Mitgliedstaat im Wege der Erlangung der „funktionalen“ Staatsangehörigkeit mittels „Kleiner Einbürgerung“ stellt eine bedeutsame Frage für alle Staaten der Europäischen Gemeinschaften dar. Sie könnte von einzelnen ihrer Mitgliedstaaten

---

[8] Siehe dazu: 2. Teil, 2. Abschnitt 5.

[9] Bericht der Kommission der Europäischen Gemeinschaften, SEC (76) 504, S. 34 und 35.

isoliert behandelt und entschieden werden, indem diese Staaten die entsprechenden rechtlichen Voraussetzungen dazu schafften.

Da die Gewährung des Kommunalwahlrechts an EG-Bürger im Rahmen der Europäischen Gemeinschaften jedoch von starkem gemeinsamem Interesse für alle Mitgliedstaaten ist, ist zu bedenken, ob eine so bedeutsame Frage nicht von den Europäischen Gemeinschaften einheitlich behandelt und geregelt werden sollte.

Aus den Verträgen der Europäischen Gemeinschaften selber ergibt sich keine Zuständigkeit für die Gemeinschaften, die es ihnen erlaubte, Fragen des Wahlrechts in den Mitgliedstaaten zu regeln[10]. Auch Art. 235 EWG-Vertrag kommt insofern nicht in Betracht, da es sich bei der Gewährung des Kommunalwahlrechts an EG-Bürger nicht lediglich um eine Verwirklichung von Zielen im Rahmen des Gemeinsamen Marktes handelt, sondern insofern der Status der Gleichheit aller europäischen Bürger über das in den Gemeinschaftsverträgen vorgesehene Maß erweitert wird.

Rechtstechnisch bieten sich zwei Möglichkeiten an, zu einer gemeinsamen Regelung aller EG-Staaten auf Gemeinschaftsebene zu gelangen. Auf Grund von Art. 236 EWG-Vertrag könnte dieser Vertrag durch ein Protokoll dahingehend geändert werden, daß er um die erforderlichen Bestimmungen ergänzt wird[11]. Die Vertragsrevision gemäß Art. 236 EWG-Vertrag ermöglicht — bei einstimmiger Beschlußfassung im Rat — die Erweiterung des marktbürgerlichen Status der Gleichheit mit verfassungsdurchbrechender Kraft in dem gleichen Verfahren, in dem die Gründung der Gemeinschaft vollzogen wurde[12]. Dazu ist eine Ratifizierung durch alle Vertragsstaaten gemäß ihren verfassungsrechtlichen Vorschriften erforderlich. Die Staaten der Europäischen Gemeinschaften könnten auch — in einem ad-hoc-Akt — einen neuen Vertrag internationalen Rechts schließen, in dem sie sich untereinander zur Zuerkennung des Kommunalwahlrechts an EG-Bürger innerhalb einer zu vereinbarenden Frist verpflichten.

---

[10] Siehe dazu auch: Kom (75) 321 vom 2. 7. 1975, S. 13.

[11] Siehe dazu die Ausführungen der Kommission der Europäischen Gemeinschaften zur Frage der Zuerkennung besonderer Rechte: Kom (75) 321 vom 2. 7. 1975, S. 13.

[12] *Grabitz*, Europäisches Bürgerrecht, S. 114.

Schlußbemerkungen

Es war das Anliegen dieser Arbeit, die rechtlichen Voraussetzungen für die Zuerkennung besonderer Rechte an Ausländer — insbesondere an Angehörige der Europäischen Gemeinschaften — zu prüfen. Im Rahmen der Untersuchung der Repräsentation und Integration ausländischer Bürger in einem Land der Europäischen Gemeinschaften — der Bundesrepublik Deutschland — kommt die vorliegende Studie (im ersten Teil) zu folgenden Ergebnissen:

1. Das Grundgesetz verbietet in seiner geltenden Fassung dem Gesetzgeber, Ausländer zu den Wahlen zum Bundestag, zu den Landtagen und zu den Kommunalvertretungen zuzulassen.

2. Lediglich auf kommunaler Ebene wäre es möglich, im Wege einer Verfassungsänderung Ausländern eine Einwirkungsmöglichkeit auf politische Entscheidungen durch eine Beteiligung an Wahlen zu den Kommunalvertretungen zu gewähren.

3. Für die Übergangsphase, in der der Verfassungsgesetzgeber von der ihm zustehenden Kompetenz Gebrauch machen sollte, Ausländern eine Beteiligung an Wahlen zu den Kommunalvertretungen zu gewähren, haben sich einige Modelle der Ausländerrepräsentation in den Gebietskörperschaften entwickelt. Es stellte sich heraus, daß sich das Problem der Interessenvertretung ausländischer Bürger in den Gemeinden mit derartigen Modellen nur schwer lösen läßt. Grundsätzlich kann jedoch festgehalten werden, daß Modelle der internen Partizipation dem Gedanken der Verbesserung der Effektivität der Ausländervertretung und der Erweiterung der Legitimationsbasis stärker Rechnung tragen als die Modelle externer Partizipation.

4. Eine Bestandsaufnahme der Ausländern in der Bundesrepublik Deutschland bereits heute gewährten politischen Mitspracherechte hat erbracht, daß Ausländern bereits heute nach der geltenden Verfassung und Gesetzeslage in wesentlichen gesellschaftlichen Institutionen der Bundesrepublik Deutschland Mitsprache und Repräsentanz gewährt werden. Daraus läßt sich der Schluß ziehen, daß in der Gewährung des Kommunalwahlrechts nur ein weiterer Schritt zu einer vollständigen politischen Integration der Ausländer zu sehen ist.

Im zweiten Teil der Arbeit, der sich der Wahlberechtigung von EG-Bürgern auf Gemeindeebene in den Staaten der Europäischen Gemeinschaften zuwendet, werden zunächst die kommunalen Verfassungsstrukturen in den Staaten der Europäischen Gemeinschaften einander gegenübergestellt. Dabei konnte eine weitgehende Ähnlichkeit in den Verfassungsordnungen der Gemeinden unter dem Gesichtspunkt der Gemeindeorgane und der den Gemeinden eingeräumten Befugnisse in den Mitgliedstaaten der Europäischen Gemeinschaften festgestellt werden. Dies berechtigt zu der Hoffnung, daß die EG-Staaten, da sie durch eine im Wege der Zuerkennung des Kommunalwahlrechts gewährte Einflußnahme auf das kommunalpolitische Geschehen annähernd in gleichem Umfange tangiert werden, sich eher zu einer einheitlichen europäischen Regelung in dieser Frage bereitfinden.

Auf der Grundlage der Darstellung der Regeln über das aktive und passive Wahlrecht auf kommunaler Ebene werden folgende Schlußfolgerungen für die Zuerkennung des Kommunalwahlrechts an EG-Bürger in den Staaten der Europäischen Gemeinschaften gezogen:

1. Das europäische Indigenat — vollständige Inländergleichstellung auf dem Gebiet der politischen Rechte — ist zum jetzigen Zeitpunkt noch nicht realisierbar, da das für seine Einführung notwendige hohe Maß an Gemeinsamkeiten, Zusammengehörigkeit und Integration zwischen den Staaten der EG noch nicht erreicht ist.

2. Die Überlegung, das Merkmal der Staatsangehörigkeit als Wahlrechtsbedingung abzuschaffen, stößt auf Schwierigkeiten durch notwendig werdende Verfassungsänderungen in mehreren Mitgliedstaaten.

3. Der Weg über die Einbürgerung erscheint nicht praktikabel, da eine massenweise Einbürgerung weder den Interessen der Aufnahmeländer entspricht noch dem Sonderstatus der EG-Bürger gerecht wird, die sich zwar manchmal für Jahre in einem EG-Mitgliedstaat aufhalten, aber — im Hinblick auf eine eventuelle Rückkehr in ihren Heimatstaat — dennoch nicht den Wunsch haben, endgültig auf ihre bisherige Staatsangehörigkeit zu verzichten.

Für diesen Personenkreis wird die Zuerkennung des Kommunalwahlrechts im Wege des im Rahmen dieser Arbeit entwickelten und vorgestellten neuen Instituts der „Kleinen Einbürgerung" gefordert, deren wesentliche Charakteristika folgende sind:

1. Mit der „Kleinen Einbürgerung" wird die Staatsangehörigkeit des betreffenden Aufnahmestaates erworben, jedoch funktional beschränkt auf das Kommunalwahlrecht.

2. Drittstaaten gegenüber hat die „funktionale" Staatsangehörigkeit keine Auswirkung.

3. Das Verfahren der „Kleinen Einbürgerung" setzt voraus, daß der Antragsteller EG-Bürger ist und gewissen Anforderungen hinsichtlich

des Alters, des Wohnsitzes in der betreffenden Gemeinde und der Sprache gerecht wird.

Die Untersuchung kommt zu dem Ergebnis, daß es zweckmäßig und rechtspolitisch wünschenswert wäre, wenn die EG-Mitgliedstaaten gemeinsam — auf diesem Wege — europäischen Gemeinschaftsbürgern in den Staaten der Europäischen Gemeinschaften das aktive und passive Wahlrecht zu den Organen der kommunalen Selbstverwaltung gewährten, um ihnen so die Möglichkeit einzuräumen, in einem Bereich, in dem zahlreiche spezifische Schwierigkeiten der ausländischen Bürger wurzeln, an der Gestaltung der Lebensverhältnisse verantwortlich mitzuwirken.

Literaturverzeichnis

Adam, Heribert: Studentenschaft und Hochschule (Frankfurt 1965).

Affolter, Urs: Die rechtliche Stellung des Volkes in der Demokratie und der Begriff der politischen Rechte, Heft 5 der Reihe ‚Studien zur Staatslehre und Rechtsphilosophie', herausgegeben von Giacometti und Schindler (Zürich 1948).

Anagnostidis, Homer: Gewerkschaften und Ausländerbeschäftigung, Gastarbeiter-Analysen und Berichte (Frankfurt 1972), S. 104 ff.

Arnold-Baker, Charles: The Local Government Act 1972 (London 1973).

Aubert, Jean-François: Le statut des étrangers en Suisse, Zeitschrift für Schweizerisches Recht, Bd. 77 (1958), Teil I, S. 215 ff.

Ausländische Arbeitnehmer in Baden-Württemberg, Denkschrift des Ministeriums für Arbeit, Gesundheit und Sozialordnung, SM — 1 — 75.

Ausländische Arbeitnehmer: Wanderausstellung des Bayerischen Staatsministeriums für Arbeit und Sozialordnung, Dokumentation vom Oktober 1974.

Bachof, Otto: Teilrechtsfähige Verbände des öffentlichen Rechts, AöR 83 (1958), S. 208 ff.

Bartsch, Hellmuth: Die deutschen Studentenschaften. Organisation, Aufgaben und Rechtsform der studentischen Selbstverwaltung in der Bundesrepublik (Bonn, Holzlar 1969).

Becker, Erich: Kommunale Selbstverwaltung, Die Grundrechte, hrsg. von Karl August Bettermann und Hans Carl Nipperdey, Band IV, 2. Halbband (Berlin 1962), S. 673 ff.

Behrend, Otto: Kommunalwahlrecht für Ausländer in der Bundesrepublik, DÖV 1973, S. 370 ff.

Berkenhoff, H. A.: Das Kommunalverfassungsrecht in Nordrhein-Westfalen (Köln - Braunsfeld 1960).

Bernhardt, Rudolf: Probleme eines Grundrechtskatalogs für die Europäischen Gemeinschaften, Anhang zum Bericht der Kommission vom 4. 2. 1976 „Der Schutz der Grundrechte bei der Schaffung und Fortentwicklung des Gemeinschaftsrechts", BullEG, Beilage 5 (1976), S. 19 ff.

Bertram, Jürgen: Staatspolitik und Kommunalpolitik, Schriftenreihe des Vereins für Kommunalwissenschaften, Band 15 (Stuttgart, Berlin, Köln, Mainz 1967).

Birkenheier, Manfred: Wahlrecht für Ausländer (Berlin 1976).

Blodig, Hermann: Die Selbstverwaltung als Rechtsbegriff (Wien und Leipzig 1894).

Bonner Kommentar: Kommentar zum Bonner Grundgesetz, bearbeitet von Abraham, Badura u. a., Hamburg, Stand: April 1976.

Bourjol, Maurice: Droit administratif I. (Paris 1972).

Brants, Karel: De staatsinrichting van Belgie, Antwerpen - Brussel - Gent - Leuven 1947.

Braunias, Karl: Das parlamentarische Wahlrecht, 1. und 2. Band (Berlin und Leipzig 1932).

Brinkmann, Karl / *Hackenbroch*, Michael: Grundrechtskommentar zum Grundgesetz für die Bundesrepublik Deutschland vom 23. Mai 1949 (Bonn 1967).

Brüggemann, Rüdiger: Die Beschränkung der Rechte des Staatsvolkes und des Staatsbürgers durch die repräsentative Demokratie nach dem Bonner Grundgesetz, Diss. (Köln 1963) (zit.: Die Beschränkung der Rechte des Staatsvolkes).

Buriks, A.: Hand-en Leerboek der Bestuurswetenschappen, Inleiding tot het gemeenterecht — De nederlandse gemeente, Bd. II, 2. Aufl., Alphen aan den Rijn 1955.

Chubb, Basil: The Government and Politics of Ireland (Dublin 1974).

Dederichs, Matthias: Ausländerparlament Troisdorf stellt Arbeit ein, Städte- und Gemeinderat 1975, S. 331.

— Repräsentanz und Mitwirkung ausländischer Arbeitnehmer im kommunalpolitischen Raum, Der Minister für Wissenschaft und Forschung des Landes Nordrhein-Westfalen in einer Mitteilung über eine Informations- und Arbeitstagung vom 11. bis 13. Dezember 1974 in Bad Meinberg, Ergebnisprotokolle: Die örtlichen Arbeitskreise für ausländische Arbeitnehmer.

— Die Städte und Gemeinden in der Mitverantwortung für ihre ausländischen Einwohner, Städte- und Gemeinderat 1974, S. 263 ff.

Dehmel, Hans-Hermann: Übertragener Wirkungskreis, Auftragsangelegenheiten und Pflichtaufgaben nach Weisung (Berlin 1970).

Doehring, Karl: Die staatsrechtliche Stellung der Ausländer in der Bundesrepublik Deutschland, VVDStRL 32 (1974), S. 7 ff.

— Die Wehrpflicht von Ausländern, ZaöRV 16 (1955/56), S. 523 ff.

Dolde, Klaus-Peter: Zur Beteiligung von Ausländern am politischen Willensbildungsprozeß, DÖV 1973, S. 370 ff.

Dolde, Klaus-Peter: Die politischen Rechte der Ausländer in der Bundesrepublik (Berlin 1972).

Dols, Heinz / *Plate*, Klaus: Gemeinderecht (Stuttgart 1975).

Dürig, Günter: Zur Bedeutung und Tragweite des Art. 79 Abs. III des Grundgesetzes in: Festgabe für Theodor Maunz (München 1971), S. 41 ff.

Dürig, Günter: Kommentierung von Art. 20 in: MDH.

Eingliederung ausländischer Arbeitnehmer, Der Bundesminister für Arbeit und Sozialordnung, Bonn (Oktober 1973).

Eissing, Klaus: Gemeinschaftsaufgaben von Staat und Gemeinden unter der Selbstverwaltungsgarantie in Nordrhein-Westfalen (Siegburg 1968).

Elleringmann, Rudolf: Begriff und Wesen der körperschaftlichen Selbstverwaltung (Berlin 1936).

Ermacora, Felix: Allgemeine Staatslehre, Erster Teilband (Berlin 1970) und Zweiter Teilband (Berlin 1970).

Finer, Herman: English Local Government (London 1950).

Forsthoff, Ernst: Die Krise der Gemeindeverwaltung im heutigen Staat (Berlin 1932).

— Lehrbuch des Verwaltungsrechts, 10. Aufl. (München 1973).

Friederichsen, Hans H.: Die Stellung des Fremden in deutschen Gesetzen und völkerrechtlichen Verträgen seit dem Zeitalter der französischen Revolution, Diss. Göttingen 1967.

Fries, Gunter: Die Rechtsstellung des Studenten innerhalb der wissenschaftlichen Hochschule (Hamburg 1974).

Frisch, Hans v.: Das Fremdenrecht (Berlin 1910).

Füsslein, Rudolf Werner: Entstehungsgeschichte der Artikel des Grundgesetzes, JöR NF 1 (1951).

Galateria, Luigi: Gli organi collegiali amministrativi, Vol. I (Milano 1956).

Geidel, Ralf: Die gemeindliche Selbstverwaltung im Verhältnis zur Demokratie als Lebens- und Gestaltungsprinzip unter besonderer Berücksichtigung der hessischen Gemeindeordnung vom 26. Februar 1952, Diss. Würzburg 1966.

Gerber, Hans: Das Recht der wissenschaftlichen Hochschulen in der jüngsten Rechtsentwicklung, Band I und II (Tübingen 1965).

Giovenco, Luigi: L'ordinamento comunale, settima edizione aggiornata (Milano 1974).

Gönnenwein, Otto: Gemeinderecht (Tübingen 1963).

Grabitz, Eberhard: Europäisches Bürgerrecht (Köln 1970).

Hachmann, Udo: Ein Vergleich zwischen der geltenden rheinischen Bürgermeisterverfassung und dem französischen Kommunalverfassungsrecht, Diss. Warendorf 1969.

Hallstein, Walter: Die Europäische Gemeinschaft (Düsseldorf, Wien 1973).

— Zu den Grundlagen und Verfassungsprinzipien der Europäischen Gemeinschaften, in: Zur Integration Europas, Festschrift für Carl Friedrich Ophüls aus Anlaß seines siebzigsten Geburtstages (Karlsruhe 1965).

Harder, Erik: Dänische Kommunal-Verwaltung (Kopenhagen 1972).

Hart, William O.: Local Government and Administration, ninth edition (London 1973).

Helmreich, Karl / *Widtmann*, Julius: Bayrische Gemeindeordnung, 3. Auflage (München 1960).

Henkel, Joachim: Politische Integration und Repräsentation ausländischer Arbeitnehmer in der Bundesrepublik Deutschland, Zeitschrift für Parlamentsfragen, Jg. 5 (1974), S. 91 ff. (zit.: Integration und Repräsentation).

— Wahlrecht für Deutsche im Ausland, AöR 99 (1974), S. 1 ff.

Hesse, Konrad: Grundzüge des Verfassungsrechts der Bundesrepublik Deutschland, 8. Aufl. (Karlsruhe (1975).

Hoppe, Werner: Die Begriffe Gebietskörperschaft und Gemeindeverband und der Rechtscharakter der nordrhein-westfälischen Landschaftsverbände, Verwaltung und Wirtschaft, Heft 21 (Stuttgart 1958).

Hoppe, Werner / *Rengeling*, Hans-Werner: Rechtsschutz bei der kommunalen Gebietsreform, Schriften zum deutschen Kommunalrecht, Bd. 3 (Frankfurt 1973).

Informationen und Arbeitsunterlagen des Ministeriums für Arbeit, Gesundheit und Soziales des Landes Nordrhein-Westfalen über die Informations- und Arbeitstagung vom 11. bis 13. Dezember 1974 in Bad Meinberg zu dem Thema: Die örtlichen Arbeitskreise für ausländische Arbeitnehmer.

Ipsen, Hans-Peter: Europäisches Gemeinschaftsrecht (Tübingen 1972).

Isensee, Josef: Die staatsrechtliche Stellung der Ausländer in der Bundesrepublik Deutschland, VVDStRL 32 (1974), S. 49 ff.

Jackson, R. M.: The Machinary of Local Government (London 1958).

Jackson, W. Eric: The Structure of Local Government in England and Wales (London 1966).

Jaenicke, Günther: Die Wehrpflicht von Ausländern, ZaöRV 16 (1955/56), S. 523 ff.

Jahrreiss, Hermann: Demokratie, Selbstbewußtheit — Selbstgefährdung — Selbstschutz, in: Festschrift für Richard Thoma zum 75. Geburtstag (Tübingen 1950), S. 71 ff.

Jellinek, Georg: Allgemeine Staatslehre, 3. Aufl. (Berlin 1922).

Jörg, Peter: Die Freiheit politischer Betätigung ausländischer Studierender an deutschen Hochschulen, DVBl. 1965, S. 471.

Kevenhörster, Paul: Ausländischer Arbeitnehmer im politischen System der BRD (Opladen 1974).

— Thesen zur Partizipation ausländischer Arbeitnehmer am kommunalpolitischen Zielbildungsprozeß, Informationen und Arbeitsunterlagen des Ministeriums für Arbeit, Gesundheit und Soziales des Landes Nordrhein-Westfalen über die 2. Informations- und Arbeitstagung für Vorsitzende örtlicher Arbeitskreise vom 1. bis 3. Dezember 1975 zu dem Thema: Die örtlichen Arbeitskreise für ausländische Arbeitnehmer, S. 13.

Klein, Hans H.: Demokratie und Selbstverwaltung, in: Festschrift für Ernst Forsthoff zum 70. Geburtstag (München 1972), S. 165 ff.

— Die Grundrechte im demokratischen Staat (Stuttgart, Berlin, Köln, Mainz 1972).

Klüber, Hans: Die Gemeinden im bundesdeutschen Verfassungsstaat (Göttingen 1974).

— Das Gemeinderecht in den Ländern der Bundesrepublik Deutschland (Berlin, Heidelberg, New York 1972).

Knemeyer, Franz-Ludwig: Bayerisches Kommunalrecht (München 1973).

Köttgen, Arnold: Deutsches Universitätsrecht (Tübingen 1933).

— Die Gemeinde als Gegenstand wissenschaftlicher Forschung, AfK 1 (1962), S. 3 ff.

— Die Gemeinde und der Bundesgesetzgeber, Schriftenreihe des Vereins zur Pflege kommunalwissenschaftlicher Aufgaben, Bd. 1 (Stuttgart 1957).

— Sicherung der gemeindlichen Selbstverwaltung, Heft 2 der Vorträge der Frh.-vom-Stein-Gesellschaft e. V. (Münster 1960).

Kollmann, Ottmar: Zur Frage der Staatsaufsicht über Körperschaften des öffentlichen Rechts, BayVBl. 1957, S. 105.

Krämer, Peter H.: Die bürgerschaftliche Selbstverwaltung unter den Notwendigkeiten des egalitären Sozialstaats (Berlin 1970).

Krohn, Gerd: Die moderne englische Lokalverwaltung (Celle 1952).

Küchenhoff, Günther: Staatsrecht, Allg. Teil (Hannover 1951).

Kuntzmann-Auert, Marion: Rechtsstaat und kommunale Selbstverwaltung (Köln, Berlin, Bonn, München 1967).

Leibholz, Gerhard: Die Repräsentation in der Demokratie (Berlin, New York 1973).

Leisner, Walter: Die staatsrechtliche Stellung der Ausländer in der Bundesrepublik Deutschland, Aussprache, VVDStRL 32 (1974), S. 131.

Lenhard, Klaus: Öffentlich-rechtliche Beziehungen zwischen Trägern mittelbarer Staatsverwaltung, Diss. Mainz 1969.

Liesegang, Helmuth C. F.: Gewerkschaften in der Bundesrepublik Deutschland (Berlin, New York 1975), S. 27.

Linckelmann, Karl: Zum staatsrechtlichen Lehrbegriff der „mittelbaren Staatsverwaltung", DÖV 1959, S. 561 ff.

Lintz: Politische Parteien und kommunale Selbstverwaltung, Diss. Würzburg 1970.

Majerus, Pierre: L'état luxembourgeois (Luxembourg 1959).

— Principes élémentaires de droit public luxembourgeois (Luxembourg 1953).

— Das Staatswesen im Großherzogtum Luxemburg (Luxemburg 1970).

Makarov, Alexander N.: Allgemeine Lehren des Staatsangehörigkeitsrechts (Stuttgart 1947).

von Mangoldt, Hermann / *Klein*, Friedrich: Das Bonner Grundgesetz, 2. Aufl., Bd. I (Berlin, Frankfurt 1957), Bd. II (Berlin, Frankfurt 1964), Bd. III (München 1974).

Matz, Werner: Entstehungsgeschichte der Artikel des Grundgesetzes, JöR NF 1 (1951).

Maunz, Theodor: Deutsches Staatsrecht, 20. Aufl. (München 1975).

— Kommentierung von Art. 20, 28, 38 in MDH.

Maunz, Theodor / *Dürig*, Günter / *Herzog*, Roman: Grundgesetz, Kommentar (München 1976).

Mayer-Tasch, Peter Cornelius: Die Verfassungen der nichtkommunistischen Staaten Europas, 2. Aufl. (München 1975).

Merk, Wilhelm: Deutsches Verwaltungsrecht, 1. Band (Berlin 1962).

Milke, Karin: Rechtsprobleme der ausländischen Arbeitnehmer in der Bundesrepublik Deutschland, Diss. Würzburg 1966.

Mortati, Costatino: Istituzioni di diritto pubblico (Padova 1969).

Müthling, Hans: Die Geschichte der deutschen Selbstverwaltung (Stuttgart, Berlin, Köln, Mainz 1966).

Nawiasky, Hans: Die Grundgedanken des Grundgesetzes für die Bundesrepublik Deutschland (Stuttgart und Köln 1950).

O'Donnell, James D.: How Ireland is Governed, fifth edition (Dublin 1974).

Pagenkopf, Hans: Einführung in die Kommunalwissenschaft, 3. Aufl. (Münster 1975).

Pagenkopf, Hans: Kommunalwahlrecht, Bd. 1, 2. Aufl. (Köln, Berlin, Bonn, München 1975).

Parry, Clive: British Nationality (London 1951).

Peters, Hans: Demokratie, Staatslexikon, 2. Band (Freiburg 1958), S. 560 ff.

— Grenzen der kommunalen Selbstverwaltung (Berlin 1926).

— Lehrbuch der Verwaltung (Berlin, Göttingen, Heidelberg 1949).

— Problematik der deutschen Demokratie (Zürich 1948).

Piepenstock, Wolfgang: Politische Vereinigung unter dem Grundgesetz (Berlin 1971).

Programm zur Eingliederung ausländischer Arbeitnehmer in Rheinland-Pfalz, Ministerium für Soziales, Gesundheit und Sport (Mainz 1974).

Rasenack, Christian: Der Staat 9 (1970), S. 272 f.

Reform des Personalvertretungsgesetzes, Zur Sache 3 (1973).

Rengeling, Hans-Werner: Schutzmaßnahmen im Gemeinsamen Markt, DÖV 1976, S. 558 ff.

Repräsentativ-Untersuchung 1972, Beschäftigung ausländischer Arbeitnehmer, Bundesanstalt für Arbeit (Nürnberg 1973).

Rietdorf, Fritz: Zum staatsrechtlichen Lehrbegriff der „mittelbaren Staatsverwaltung", DÖV 1959, S. 671 ff.

Rinck, Justus: Der Grundsatz der Wahlrechtsgleichheit und das Bonner Grundgesetz, DVBl. 1958, S. 221.

Rolvering, Heinrich: Die Rechtsgarantien für eine politische Betätigung von Ausländern in der Bundesrepublik Deutschland, Diss. Tübingen 1970.

Ruland, Franz: Forum: Wahlrecht für Ausländer?, JuS 1975, S. 9 ff.

Ruppel, Peter: Der Grundrechtsschutz der Ausländer im deutschen Verfassungsrecht, Diss. Würzburg 1968 (zit.: Der Grundrechtsschutz der Ausländer).

Säcker, Horst: Das politische Mandat in der repräsentativen Demokratie, 2. Aufl. (München 1973).

Sasse, Christoph: Kommunalwahlrecht für Ausländer? (Bonn 1974).

Seibert, Gerhard: Die Gewährleistung gemeindlicher Selbstverwaltung durch das Grundgesetz, Diss. Marburg 1966.

Sikkes, P. / *Zadel*, A.: Beknopt Leerboek voor het gemeenterecht, Twaalfde, herziene druk, Alphen aan den Rijn 1962.

Schapals, Werner: Wesen und Rechtsnatur der Studentenschaft, Diss. Göttingen 1962.

Scheuner, Ulrich: Gemeindeverfassung und kommunale Aufgabenstellung in der Gegenwart, AfK 1 (1962), S. 149 ff.

— Zur Neubestimmung der kommunalen Selbstverwaltung, AfK 12 (1973), S. 1 ff.

— Das repräsentative Prinzip in der modernen Demokratie, in: Festschrift für Hans Huber zum 60. Geburtstag (Bern 1961), S. 222 ff.

— Die Rolle der Sozialpartner in Staat und Gesellschaft (Stuttgart 1973).

Schiedermair, Rudolf: Handbuch des Ausländerrechts der Bundesrepublik Deutschland (Frankfurt, Berlin 1968).

Schmidt-Bleibtreu, Bruno / *Klein*, Franz: Kommentar zum Grundgesetz für die Bundesrepublik Deutschland, 3. Aufl. (Neuwied und Berlin 1973).

Schmitt, Carl: Verfassungslehre, 3. Aufl. (Berlin 1957).

— Volksentscheid und Volksbegehren (Berlin und Leipzig 1927).

Schmitt-Glaeser, Walter: Die Rechtsstellung der Studentenschaft (Bad Homburg v. d. H., Berlin, Zürich 1968).

Scholler, Heinrich / *Broß*, Siegfried: Grundzüge des Kommunalrechts in der Bundesrepublik Deutschland (Karlsruhe 1976).

Scholz, Rupert: Das Wesen und die Entwicklung der gemeindlichen öffentlichen Einrichtungen (Berlin 1967).

Schulz-Schaeffer, Helmut: Die Staatsform der Bundesrepublik Deutschland (Berlin 1966).

Stahl, Helmut: Das gemeindliche Selbstverwaltungsrecht und die Verletzung der gemeindlichen Selbstverwaltungspflicht durch eigenes Verwaltungshandeln und durch Unterlassen der Gemeinde, Diss. Würzburg 1969.

van Stegeren, J. T.: Formeel gemeenterecht, Vuga Boekenj 1966.

Steiger, Heinhard: Organisatorische Grundlagen des parlamentarischen Regierungssystems (Berlin 1973).

Steinkopff, Otto: Die Selbstverwaltung der französischen Gemeinden, Diss. Göttingen 1928.

Thieme, Werner: Bund, Länder und Gemeinden, AfK 2 (1963), S. 185 ff.

— Deutsches Hochschulrecht (Berlin, Köln 1956).

Thieme, Hans-Werner: Die Rechtsstellung des Ausländers nach dem Bonner Grundgesetz, Ein Beitrag zur Auslegung des Gleichheitssatzes, ungedruckte Dissertation Göttingen 1951.

Thomsen, Klaus: Die politische Betätigung von Ausländern nach deutschem Verfassungs- und Verwaltungsrecht, Diss. Bonn 1968.

de Tollenaere, Victor: Nieuwe commentaar op de Gemeentewet, Deel I, Kortrijk 1956.

Tomuschat, Christian: Zur politischen Betätigung des Ausländers in der Bundesrepublik Deutschland, Bad Homburg v. d. H., Berlin, Zürich 1968.

Tütsch, Hans Emanuel: Die Repräsentation in der Demokratie (Zürich 1944).

von Unruh, Georg-Christoph: Der Kreis (Köln, Berlin 1964).

— Der Landrat (Köln, Berlin 1966).

Verdross, Alfred: Völkerrecht (Wien 1964).

Warren, J. H.: The English Local Government System (London 1963).

Weber, Werner: Gegenwartsprobleme der Verwaltungsordnung, DÖV 1951, S. 509 ff.

— Die Rechtsstellung des deutschen Hochschullehrers (Göttingen 1965).

— Selbstverwaltungskörperschaften in der Rechtsprechung des Bundesverfassungsgerichts, Bundesverfassungsgericht und Grundgesetz, Festgabe aus Anlaß des 25jährigen Bestehens des Bundesverfassungsgerichts, 2. Band (Tübingen 1976), S. 331 ff.

Wernicke, Kurt Georg: Kommentierung von Art. 20 GG im Bonner Kommentar.

Wilkin, Robert: L'administration publique belge (Bruxelles 1958).

Wolff, Hans J. / *Bachof*, Otto: Verwaltungsrecht I, 9. Aufl. (München 1974).

— Verwaltungsrecht II, 4. Aufl. (München 1976).

Wolff, Hans J.: Verwaltungsrecht III, 3. Aufl. (München 1973).

Zuhorn, Karl / *Hoppe*, Werner: Gemeinde-Verfassung, Das Gemeinderecht in Nordrhein-Westfalen, Bd. 1, 2. Aufl. (Siegburg 1962).

Zinn, Georg August: Der Bund und die Länder, AöR 75 (1949), S. 291 ff.

Zuleeg, Manfred: Gedanken zu einer Europäischen Union, ZRP 1976, S. 118.

— Grundrechte für Ausländer, Bewährungsprobe des Verfassungsrechts, DVBl 1974, S. 341 ff.

— Zur staatsrechtlichen Stellung der Ausländer in der Bundesrepublik Deutschland, DÖV 1973, S. 361 ff.

Kolibri 360 GmbH
Ferdinand-Jühlke-Straße 7
99095 Erfurt, Deutschland
produktsicherheit@kolibri360.de

Druck:
CPI Druckdienstleistungen GmbH
im Auftrag der
Kolibri 360 GmbH
Ferdinand-Jühlke-Str. 7
99095 Erfurt